柳如是传

半生为情 半生为史

寇研·著

柳如是像漫长历史中无数的『她』一样，爱恨悲[illegible]反抗与[illegible]扎都[illegible]代的洪流中[illegible]『她』是女儿[illegible]是[illegible]子，『她』有千言万语，又总静默无声，甚至只是一个模糊的影子。当拂开历史的烟尘，将碎片拼起，我们听到了她想讲的话，看到了她要做的事，这些不为人知的光芒和惊心动魄勾勒出了『柳如是』。

陕西新华出版传媒集团
陕西人民出版社

图书在版编目（CIP）数据

半生为情，半生为史：柳如是传／寇研著. —西安：陕西人民出版社，2021.7
ISBN 978-7-224-14251-8

Ⅰ.①半… Ⅱ.①寇… Ⅲ.①柳如是（1618-1664）-传记Ⅳ.①K828.5

中国版本图书馆 CIP 数据核字（2021）第 128476 号

出品人：赵小峰
总策划：刘景巍
出版统筹：关宁　韩琳
策划编辑：王凌　晏藜
责任编辑：王倩　张启阳
整体设计：哲峰

半生为情，半生为史：柳如是传

作　者　寇研
出版发行　陕西新华出版传媒集团　陕西人民出版社
（西安北大街147号　邮编：710003）
印　刷　陕西隆昌印刷有限公司
开　本　889毫米×1194毫米　1/32
印　张　9.375
字　数　170千字
版　次　2021年7月第1版
印　次　2021年7月第1次印刷
书　号　ISBN 978-7-224-14251-8
定　价　49.80元

柳如是，隐蔽乱世的女性史诗

晚明江南，经济发达，文化繁荣，那段末世的荣光，从张岱的《西湖梦寻》、余怀的《板桥杂记》等文集皆可窥见。此背景下，不同于端谨、严正的北方文化体系，在以“秦淮”“西湖”等为地理坐标，亦为文化象征的明末江南，涌现了一大批性情恣意、旷达的才子才姝。柳如是无疑是其中的佼佼者。

少年时代，柳如是师从当世名儒陈眉公学习诗词琴画，稍长，高调游弋于江南社交圈，与她关系密切的友人中，不乏汪然明这样的徽州巨贾，或者张溥、陈子龙这样的名士兼政治意见领袖。她后来的婚姻故事人尽皆知，她所嫁的钱谦益，既是著名的东林党的魁首，又是一方豪富，还是名满天下的文坛一哥……

与同时代的女性相比，柳如是的年少交游与婚姻对象的择取都颇为高标，她与晚明政治也牵涉颇深。这一半是因为她往来风尘，相比闺中女性，有相对多的社交自由，一半也是她性情中的热烈与奔放使然。柳如是向往光风霁月、啸聚天下的名流雅士的疏旷，现代人戏谑的所谓的“情怀”，她确是有的。年少交游时所受的种种启蒙，都渗进了她的骨血，茁壮生长，最终因国破家亡、山河变色，被淬炼成了陈寅恪先生所述的“孤怀遗恨”。

柳如是现存的诗词绝大多数写于婚前，她前半生的“为情”时期，皆能从她的作品中理出脉络。嫁与钱谦益后，柳如是创作寥寥。这其中或有“女德”约束的原因，风尘女子从良为人妻妾，必须表现出闺中女性的温良，自动隐蔽于深宅内院，才能为正统所容。但或还有另一个重要原因。入清以后，钱谦益作为降而复叛的“贰臣”，为清朝皇帝所不容，其作品一度遭到焚毁。因此，柳如是婚后纵有诗词留存，此时势必遭受牵连。不论缘由为何，柳如是后半生“为史”的生命轨迹，鲜有文字“自证”，后人只能借助钱谦益的政治活动或从同时代人为她做的小传中加以梳理。

1644 年，李自成兵临紫禁城，崇祯帝身殉社稷，吴三桂开山海关，多尔衮率部入北京……有学者将大明王朝历史的终结定格在这一年。其后二十年间，以陈子龙、钱谦益为代表的遗民，在南方展开了前赴后继的复国运动，那段风起云涌的血泪抗清史，被史家称为“南明史”。这二十年的复国运动，也塑造了柳如是的种种“孤怀遗恨”。

钱谦益降清北上，柳如是悲愤交加，抱着夫妻反目的决心留在南京。数月后，钱谦益幡然悔悟，引疾南归，从此夫妻二人以隐居为由，迁到紧邻长江白茆港的祖业红豆山庄，长年在此联络从海上而来的抗清斗士，散尽家财，资助他们一次又一次的军事抵抗。钱谦益为此两度身陷囹圄，生死一线，柳如是四处周旋，全力营救。钱谦益又在柳如是的支持下，不惜以七旬高龄，数次前往江浙一带，联络义士，策反清廷官员，为郑成功等人的长江大会战做准备。

但大明王朝的气数终究是到头了。经历许多次“抵抗—失败—再抵抗—再失败”的循环后，1662 年，吴三桂在云南诛杀明朝皇室最后一任留守者永历帝；郑成功夺取南京失败，远走台湾，继而病逝，清廷封锁了长江白茆港，红豆山庄从此荒芜，再无与海上联络的可能，再无复国希望可言。柳如是祝发入道，用她的方式哀悼故国……

柳如是“半生为史”，只能存于南明史的缝隙。她的“孤怀遗恨”终为后人所知，得益于钱谦益的知名度，得益于后世学者对史料中种种蛛丝马迹的用心挖掘，这是柳如是的幸运，却也是一种偶然。在女性无权参与任何社会活动的时代，绝大多数时候，柳如是只能站在钱谦益身后，给予他默默的支持。当钱谦益奔走江浙生死未卜时，柳如是固守家乡，支撑门户，等待丈夫的消息，承受相应的后果——这是一个缩影，摹写出乱世中“女性”隐蔽的风景。

南明二十年，是大明遗民的抗争史，成千上万的斗士抛头颅洒热血，为他们的复国之梦而战。但他们背后的女人呢？每一个战斗的男人背后，都有女人在支持，母亲或者妻子，一如钱谦益背后的柳如是。男人们谱写他们的英雄史诗，女人们则站在刀光剑影的大时代背后，守护家族门户，竭力支撑乱世之中破碎的日常，然后，或者还会承受丧父、丧夫、丧子，亡国、亡家的噬骨之痛。

这些大历史缝隙中的女性风景，有时仿佛不值言说，因为于历史进程而言，似乎毫无意义。但若细细抹开历史烟尘，那些不为人注意之处，却光芒璀璨、惊心动魄。

寇　研

2021 年 6 月

目录

第一章——半野堂

幅巾道服自权奇，兄弟相呼竟不疑。

莫怪女儿太唐突，蓟门朝士几须眉。

——王国维题柳如是《湖上草》

1 初访

崇祯十三年（1640），仲冬。常熟虞山，半野堂。一仆从手持拜帖，一径往半野堂书房而去。有客来访，拜帖具名“柳儒士”。

此时，柳如是泊舟常熟城北门外，菱塘附近，倚舟栏而立，等待半野堂主人的接见。闲暇之余，柳如是想必会仰顾这座名山。虞山，位于常熟古城西北，北濒长江，南临尚湖，山势巍峨峻拔，呈卧虎之姿，东南麓延入古城，自古就有“十里青山半入城”的美誉。

冬日虞山，鸟雀尽藏，万木萧索，一派肃杀、森寒，悍然耸峙于长江三角洲腹地，俯瞰万里平原，更显其莽苍雄姿。但不难想象，春日迟迟、莺飞草长之际，苍松翠柏掩映之间，另有一派明悦和清丽。而山中胜迹，远有仲雍墓、言子墓，近有乾元宫、昭明读书台，这一切，柳如是了然于心，如数家珍。

同样她也知道，虞山脚下，有一条叫舍晖阁的清幽小巷，小巷尽头，便是半野堂。半野堂主人，姓钱，名谦益，号牧斋，东林魁首，文坛盟主，一方豪绅。家有一妻两妾，虽年近花甲，但子嗣薄弱，仅一小儿唤作钱孙爱，养在膝下。

如花美眷，流年逝水。其时柳如是年已二十三岁，相对那个时代的最佳择婿年纪而言，几至美人迟暮。距崇祯四年（1631）被逐出“吴江故相”周道登府邸，柳如是流落江湖近十载。十年来，她频繁往来于江南水泽，奔走于吴越之间。一壁艳名高炽，广交各界名流；一壁张着火眼金睛，在人丛中寻觅人生归宿。此次经汪然明引荐，放舟虞山，柳如是做足功课，志在必得。

钱谦益出迎，发现来访者眉目清朗，形容淡瘦，身量娇小，却青巾儒服，男子装束，一时雌雄难辨。这便是柳如是在历史上的经典出场，史曰：“幅巾弓鞋，着男子服，口便给，神情洒落，有林下风。”（顾苓《河东君小传》）

但这幕“半野堂初访”，历来版本不一。有说钱谦益眼见拜帖“柳儒士”，系无名晚辈，托故不见，柳如是便呈上自己得意旧作：

垂杨小院绣帘东，莺阁残枝未思逢。
大抵西泠寒食路，桃花得气美人中。

其中名句“桃花得气美人中”传播甚广，当年钱谦益闻之，也曾盛赞“天下风流佳丽，独王修微、杨宛叔与君鼎足而三”。柳如是于诗作中“微露色相”，钱谦益恍悟原来是“桃花美人”来访，赶忙亲自去城外迎接。

另一版本中，柳如是暗示的方式更为直白，于落落长衫之下，故意露出纤足，再趁钱谦益疑惑之际，吟唱旧句，表明身份。两种流传版本，皆富戏剧性，且柳如是略胜一筹。倒是钱谦益，似只剩招架之力，有负其“风流教主”之美名。虽男装出行乃柳如是一贯装束，且她与名士交往，向以“弟”自称，所谓“风流放诞”，可此次又有不同。看她叩拜之作《庚辰仲冬访牧翁于半野堂，奉赠长句》便知。

声名真似汉扶风，妙理玄规更不同。
一室茶香开澹黯，千行墨妙破冥濛。
竺西瓶拂因缘在，江左风流物论雄。
今日沾沾诚御李，东山葱岭莫辞从。

首联，“声名真似汉扶风”，典出《后汉书·马融传》。马融，东汉著名经学家，一生门生众多，著述甚丰，史载其“达生任性，不拘儒者之节”。柳如是将钱谦益比作马融，谓其才高博洽，名士风度。此一赞。

晚明江南，佛学盛行，士大夫皆求禅向佛，钱谦益乃其中翘楚。少年始研读《维摩诘经注》《楞严经》，又拜在当时名冠一时的大师雪浪、憨山门下，成为一名俗家弟子，故柳如是在“妙理玄规更不同”中，赞其洞达禅理，佛缘深广。此二赞。

颔联，“一室茶香开澹黯，千行墨妙破冥濛。”意谓茶香与墨妙并扬，赞钱谦益的儒士生活清雅出尘，不同凡俗。此乃第三赞。

腹联，首句“竺西瓶拂因缘在”，柳如是谦卑地称自己愿如菩萨身前捧瓶的侍女，侍奉左右。次句“江左风流物论雄”，典出《南齐书·王俭传》曰：“江左风流宰相，唯有谢安。”谢安，出身东晋高门士族，好清谈，通音乐，精研玄学，尝隐居东山，与王羲之等大腕畅游山水，赋诗论文，又宦海跌宕，四十余岁官至宰相，人谓“风流宰相”。柳如是在此又将钱谦益比作谢安，浇其心中块垒，可谓用心良苦。此第四赞。

尾联“东山葱岭莫辞从”，又及典故谢安“东山携妓”，柳如是再次表明自己此行诚意，余生愿追随钱老左右，纵情山水，弹丝吹竹。

通观全诗，一赞才情，二赞禅修，三赞风度，四赞政治才能，且典故所举历代诸贤，皆钱谦益的人生偶像，适切蕴藉，恭维得不落痕迹，足见其玲珑慧心。出场亮相惊艳，钱谦益已然倾倒，又在诗文中投其所好，处处熨帖钱老那颗一生好谈王霸大业的嘚瑟雄心，钱老怎能不欣喜若狂呢。半世壮志难酬，一生百不遂意，终在晚年收获一枚知音兼小迷妹，多年后的弥留之际，钱谦益回顾自己一生，结缡柳如是仍是他平生最快意之事，是谓："买回世上千金笑，送尽平生百岁忧。"

柳如是过访山堂，枉诗见赠。
语特庄雅，辄次来韵奉答

钱谦益

文君放诞想流风，脸际眉间讶许同。
枉自梦刀思燕婉，还将抟土问鸿濛。
沾花丈室何曾染，折柳章台也自雄。
但似王昌消息好，履箱擎了便相从。

每一句，严丝合缝，钱谦益热烈回应了柳如是的垂爱。

崇祯十三年（1640），仲冬，虞山半野堂，柳如是抛过去的绣球，钱谦益稳稳地，接住了。

2 我闻室

距柳如是虞山半野堂拜谒不多时日后，我闻室便告落成，成为供柳如是暂歇之所。"我闻室"一名，钱谦益取自《金刚经》中"如是我闻"之句，暗合柳如是的名字，因此，柳又号“我闻居士”。

据载，我闻室与半野堂南北相对，状若画舫，四周掩映着绿荷荡苇，野趣丛生，模拟舟泊水上的风景。柳如是出生嘉兴，从小生活在水乡。稍长沦落勾栏，长年流连的吴江盛泽镇一带，亦地处江浙交界，毗邻嘉兴。加之性格放诞，恣意山水，多年来呼朋引伴，皆在舟上水上，对水泊、舟舫情有独钟。钱谦益此次手笔，意在博取美人欢心，着实费了一番心思，

崇祯十三年（1640）十二月初二，柳如是迁入新居。钱谦益赋诗《寒夕文宴，是日我闻室落成》，抒发情怀。

清樽细雨不知愁，鹤引遥空凤下楼。
红烛恍如花月夜，绿窗还似木兰舟。
曲中杨柳齐舒眼，诗里芙蓉亦并头。
今夕梅魂共谁语，任他疏影蘸寒流。

首联写迎柳如是迁入我闻室，颈联写向晚时分我闻室内烛光摇曳的情形。“绿窗还似木兰舟”，言屋宇构造正是仿柳如是画舫所建。后两联畅想往后两人朝夕晤对、琴瑟和鸣的美满生活，字词间缱绻、旖旎，自有一种深情。尤“任他疏影蘸寒流”句中“任他”，有少年气，自花甲老人口中道出，别有意味。以为此生不过尔尔，忽又柳暗花明，钱老似久久沉浸在

一种喜出望外的欣喜中。

不逾半月，一栋新楼拔地而起，这于豪绅钱谦益，本也小事一桩。但新楼状似画舫，且以“如是我闻”名之，钱谦益实则又别怀深意。柳如是流落江湖十余载，其间的风流韵事、恩怨情恨，坊间早已流传，钱谦益自然心中有数。风流教主，并非浪得虚名。

崇祯四年（1631）初，柳如是被买进吴江故相周道登府邸为妾，总以为可有遮风挡雨之地，不料年末即因妻妾间争风吃醋引起风波，被扫地出门。头顶无片瓦，无处倚身，困厄之中，柳如是只得返回盛泽归家院。

又，崇祯八年（1635）春，柳如是与陈子龙正当热恋，两人寓居友人出借的南园，每日耳鬓厮磨，倒也过了一段神仙眷侣的日子。但，刚到初夏，消息便传进陈子龙松江城内旧宅，正室张儒人打上门来。深秋，两人被迫分别，柳如是再次流离。

再一次，柳如是重返盛泽归家院。浮萍浪迹，漂泊无依，两度被迫重新过上迎来送往的生活，可说皆因“房事”。

艳名高炽，风华绝代，结交多贵胄、名流，与士人交往，向来无惧以“弟”自称，千百年来的中国才女，此般彪悍与勇敢，也可谓第一人。然，对照十年辛苦寻夫路，种种不羁与倨傲，或也意在提高身价，权作寻觅归宿的资本。熠熠才华之下，洒落风致之下，小心隐匿的卑微、卑贱，令人扼腕。

虽说人生如寄，所需不过六尺床，但归宿与安定感，终究需物质上稳稳的依托。钱谦益洞悉柳如是的骄傲与卑微，不出月余，建成我闻室。默契与疼惜之外，又有一种平等视之的情义。这情义叫，成全。想想数年后，钱谦益身陷囹圄，柳如是拖着病体辗转南北，设法营救，夫妻情分中，相濡以沫之外，该是又有报答这份知遇之恩的心意。

迁入我闻室不久，便迎来农历新年。

崇祯十三年（1640）除夕，我闻室内，柳如是与钱谦益相与守岁，煮茶赌酒，辞旧迎新。钱谦益喜不自禁，赋诗《庚辰除夜偕河东君守岁我闻室中》，诗云：

除夜无如此夜良，合尊促席饯流光。
深深帘幕残年火，小小房栊满院香。
雪色霏微侵白发，烛花依约恋红妆。
知君守岁多佳思，欲进椒花颂几行。

自古一年中最为热闹、温馨时莫若除夕，阖家团圆是也。而坐拥江南名苑之拂水山庄的庄主钱谦益，此前数年的除夕却过得萧索得很。仅在半野堂，与年龄相仿的暮年老友程孟阳互相做伴，饮酒赋诗，《乙卯除夕偕孟阳守岁》《戊寅除夕偕孟阳守岁》等皆是此期间留下的诗作。

终于可以不见程孟阳那张老脸了，今年钱老的心情格外好。“小小房栊满院香”“烛花依约恋红妆”，虽在桑榆晚照之年，然少年人正值热恋中的兴奋与炽烈，可说呼之欲出了。

柳如是赋《除夕次韵》，诗曰：

合尊饯岁羡良辰，绮席罗帷罨曙光。
小院围炉如白昼，两人隐几自焚香。
萦窗急雪催残漏，照室华灯促艳妆。
明日珠帘侵晓卷，鸳鸯罗列已成行。

前些年的除夕，柳如是又在哪里度过？不过随遇而安罢了。或水乡一隅，或某处暂居的小楼。“两人隐几自焚香”，抑或也不只是我闻室内才有的清欢，只是明日何去何从，终为潜伏心底的隐忧，夜半凭栏，蓦地想起“明日”，怕也会寒凉四起，哪有今日这份妥帖的情致。

“明日珠帘侵晓卷，鸳鸯罗列已成行”。“已”字意味悠长。我闻室内，金屋藏娇，已成既定事实。

3 过招

新年伊始，钱谦益便安排好了两人的旅程。首站是拂水山庄。

拂水山庄，地处虞山西麓，西南有拂水崖，崖上建有拂水禅院，南有桃源洞，皆常熟一带远近闻名的胜迹。自崇祯三年（1630）仕途挫败，钱谦益建耦耕堂，相约与老友程孟阳栖隐读书、优游山林，后又经多次修葺，山庄内陆续增添了明发堂、花信楼、留仙馆、朝阳榭、秋水阁、红豆庄等盛景，以至拂水山庄名满天下，与扬州影园、无锡愚园等并立江南园林别墅之冠……可观览之处数不胜数。

拂水山庄的秋水阁内，栽有梅花数十株。新年第一场春雪后，梅花绽放，寒香凛凛，正是赏梅好时节。崇祯十四年（1641）正月初二，钱谦益携柳如是游拂水山庄，踏雪赏梅。数日后，两人行至苏州，在苏州、嘉兴、松江等地流连游赏。湖上泛舟，月下散步，饱览江南春景，其间两人的诗作皆有留存。

崇祯十四年（1641）上元佳节，这一对“白首红颜”首次亮相虎丘文宴，可谓此番旅程的高潮。约一年后，此次文宴的组织者、吴中名士沈璜，在《东山酬和集序》中回顾了这一情形：

于时竹户萧闲，清阴寂历。白云残雪，映人面而不分；兰气梅香，与清言而无别。谈谐间作，献酬不烦。染瀚论文，重剪西窗之烛；张灯促席，共开北海之尊。洞里吹箫，下飙轮于嬴女；筵前度曲，驻月驾于素娥。既醉言归，逡巡称遽。寒轻春浅，即席之诗立成；月避花输，倚答之词加丽。洵吴都之盛事，实艺林之美谭也。

柳如是少年沦落章台，为盛泽归家院主人徐佛所买，自小师从大儒陈眉公学作诗、抚琴，习得一身本领，又擅饮、善歌舞、善交际，席间酬对自如，毫无通常闺阁女儿的自矜，自是令人如沐春风。因之，虎丘文宴的主角，一为文坛盟主，一为闻名遐迩的才妓，又携手亮相，此等“爆炸性”新闻，对沈璜这等当地名流而言，自然是值得书写、夸耀的情事，说是“吴都之盛事”，实也不为过。

然，虎丘文宴，于钱、柳两人各自的意义，又是别论。

从柳如是初访半野堂，留居我闻室，到同游拂水山庄，至嘉兴、松江，至虎丘文宴，钱谦益亦有私下盘算。

柳如是名冠江南，前度结交之人中，既有宋徵舆这样的缙绅子弟，也有复社领袖张溥、几社领袖陈子龙，两人皆是晚明党社中举足轻重的人物，其领导的复社、几社，亦与东林齐名；再有，曾对柳如是几番纠缠、垂涎的谢三宾，乃钱谦益的得意门生；又有，对柳如是念念不忘的程孟阳，亦为钱谦益多年老友……柳如是如此耀眼的社交履历，真也是一份不俗的

“资历”，因之当柳如是来归，钱谦益惊喜之余，又建楼，又盟誓，临了，新年伊始，便急急携柳如是出游，以此昭告天下：钱谦益力挫群雄，赢得美人在怀。

但，两人关系进一步的确定，以何种形式确定，钱谦益恐也未曾深想，或者说不愿深想。晚明文士狎妓是风尚，有柳如是这样的名妓陪侍左右，自是一桩让天下士子艳羡的美事。而若要以匹嫡之礼迎娶回家，又是另一回事。于习俗而言，这两件事本就互不相涉。文士们心里通透着，何况钱谦益这般阅过千帆之人。

在柳如是一方，拜谒半野堂，她目的明确，那便是成为柳夫人。钱谦益处处迎合，也表现得诚意十足。然，在柳如是心中，名分一日不确定，便终日焦灼，不得安宁。因之，早在柳如是迁居我闻室后，便呈现一种古怪的局势。一方面，柳如是屡次剖白心迹，余生愿跟随钱老纵情山野；另一方面，又数度暗示自己不便久留，即将离去；再一方面，其实又并未有离去的实际行动，反而牢牢盘踞我闻室，使我闻室成为自己以退为进的阵地。一如陈寅恪先生所分析的：“倘牧斋意志动摇，则既迁入我闻室，已成骑虎之势。”

从崇祯十三年（1640）腊月柳如是入住我闻室，至来年正月元宵的虎丘之行，两人屡次过招、较量，其间心思、心曲的纵横，从以下几组诗中，可约略看出。

过招一：

春日我闻室呈牧翁

柳如是

裁红晕碧泪漫漫，南国春来正薄寒。
此去柳花如梦里，向来烟月是愁端。
画堂消息何人晓，宝镜容颜独自看。
珍重君家兰桂室，东风取次一凭阑。

“春日”，指自十二月立春至除夕间的节候，由此知此诗写于柳如是迁入我闻室不久。全诗语调伤感，全无恋爱中女人或者说刚给自己赢得了一幢房子的女人的欢脱、欣喜，相反，颇有感怀身世、顾影自怜之感。既感前尘旧情的遗恨，也感自己身世坎坷、多年来飘蓬飞絮般的生活，三感自己虽住在我闻室，然名分未定、寄人篱下的酸楚。

“向来烟月是愁端”句，烟月，意即多年来迎来送往的生涯，此句将自己的卑微和隐忧和盘托出，虽有归依之意，却仍不能不心存疑虑，恐钱谦益轻看自己。这与初访半野堂赋诗《庚辰仲冬访牧翁于半野堂，奉赠长句》中的脱略、洒落，简直不可同日而语。

此诗的重点在尾联。兰桂，意即兰和桂，喻美才盛德。柳如是感念钱谦益的深情厚谊，也道出自己的珍重、眷念，但末句表明自己虽然异常不舍却未必能久留。从自呈心事、身世，到坦承自己的依恋，到轻叹或许该离开了，心思之绵密之细腻之纠结，真真九曲回肠。陈寅恪先生赞此诗："其词藻之佳、结构之密，读者所罕见，不待赘论。至情感之丰富、思想之微婉，则不独为《东山酬和集》中之上乘，即明末文士之诗罕有其比。"

这份彷徨，钱谦益接收到了，了然，也懂得。在《河东春日诗有梦里愁端之句，怜其作憔悴之语，聊广其意》，钱谦益云：

芳颜淑景思漫漫，南国何人更倚阑。
已借铅华催曙色，更裁红碧助春盘。
早梅半面留残腊，新柳全身耐晓寒。
从此风光长九十，莫将花月等闲看。

通篇句句都在回应柳如是的心事，都在抚慰她的身世之悲。"新柳全身耐晓寒"，赞其出淤泥而不染；"从此风光长九十，莫将花月等闲看"，谓往后岁月悠长，相与相随共看风花雪月，几乎可算是承诺。但同时，钱谦益名曰风流教主，安慰情人、获得美人欢心，于他本也是轻车熟路。流落江湖十载，周旋于各色男人之间，听惯花前月下又转瞬成空的盟誓，柳如是可不是傻傻的白莲花。拜谒半野堂，成为钱家夫人，觅得终身依靠，是其最终目的，怎可就这样轻易地被一句温柔承诺给打发了呢?

过招二:

辛巳元日雪后， 与河东君订春游之约

钱谦益

新年转自惜年芳，茗碗薰炉殢曲房。
雪里白头看鬓发，风前翠袖见容光。
官梅一树催人老，宫柳三眠引我狂。
西迹蓝舆南浦棹，春来只为两人忙。

辛巳元日

柳如是

蘼芜新叶报芬芳，彩凤和鸾戏紫房。
已觉绮窗回淑气，还凭青镜绾流光。
参差旅鬓从花妒，错莫春风为柳狂。
料理香车并画棹，翻莺度燕信他忙。

过招三：

新正二日，偕河东君过拂水山庄，
梅花半开，春条乍放，喜而有作

钱谦益

东风吹水碧于苔，柳靥梅魂取次回。
为有香车今日到，尽教玉笛一时催。
万条绰约和腰瘦，数朵芳华约鬓来。
最是春人爱春节，咏花攀树故徘徊。

次牧翁新正二日过拂水山庄喜而有作韵

柳如是

山庄水色变轻苔，并骑亲看万树回。
容鬓差池梅欲笑，韶光约略柳先催。
丝长偏待春风惜，香暗真疑夜月来。
又是度江画寂寂，酒旗歌版首频回。

这四组诗，比较着读，甚有趣味。新年新春，钱谦益忙着制订春游计划，完全是一个沉浸在热恋沉浸在美景中的人，表现也是正常堕入情网的样子。认真谈恋爱，认真看梅花，认真浪，认真漫，因而在诗里一再抒发良辰美景、美人在怀的幸福。

而柳如是呢？虽也一再强提兴致回应钱谦益的感情，又总在高兴的当口不失时机地扫兴："也许不久我就要离开呢。""参差旅鬓从花妒"谓自己久留我闻室怕会引起钱谦益妻妾的疑忌，已心生离开之意。"容鬓差池梅欲笑"句，又表示想起自己不久将不得不离开便忧悒不已，想笑也笑不出来。

柳如是流传下来的诗、词，诗多雄丽，词多清婉，都有一种端雅的仪态，这应也是诗人对自己诗格的期许。而这几组诗里，柳如是放下骄傲，且不惜用上着力明显的字词，如"妒""催"，或者反复自呈心迹又不无女性特有小心机的"旅鬓""容鬓"，一再试探催逼，内心的焦灼不安一览无余，使诗的格调"虽不失庄雅，亦不能矜持如初来之时"（李圣华《柳如是》）。

时势所迫，柳如是也顾不上那么许多了。

婚姻中多有相互的权衡甚至权利的争夺，何况柳如是处于这样的窘境。本在美人迟暮的年纪，从良、寻夫已刻不容缓，又有与陈子龙情事之前车之鉴，若不加紧催逼，怕也难免夜长梦多，终了，又是幻梦一场。

在钱谦益一方，怕是未曾没想过金屋藏娇，就此暧昧地过下去。这于他的身份、地位，本也是最方便省力的选择。他有这个财力打造金屋，无限期的藏娇自然也不在话下。对于柳如是的试探，钱谦益一再延宕，避重就轻，回避正面答复，不能不说他或是有此种盘算。

数年前，陈子龙携柳如是寓居友人南园，虽是借住，金屋藏娇也是事实。短短数月后，陈子龙归家，柳如是归盛泽归家院。那一段归程，柳如是一定走得异常艰辛。

我闻室内若再悲剧重演，寻夫之旅的连番挫折，于自己的身价、声名无益不说，更怕心力一旦委顿，种种迷茫、自弃便接踵而至，想要鼓足勇气继续前行，只会更为艰难。与陈子龙分离后，柳如是曾放豪言，要嫁比陈声望更高的如钱谦益那般的名士，“天下唯虞山钱学士始可言才，我非才如学士者不嫁”。或为赌气，或是不甘，心性还是高的。而这次若跌落，又得回到原点——盛泽镇归家院。又一次黯然与屈从，对柳如是这样的人会是致命的摧折。

一代才妓，也是一名孤女，除了自身，世间无任何可依傍之人。世情这般凉薄，人性这般自私，柳如是只有奋力一搏，去攫取自己属意的那份生活了。

钱、柳关系中，种种暧昧、对峙与较量，从崇祯十三年（1640）的腊月，持续到翌年的正月十五元宵佳节，终于渐渐落定了。在虎丘，钱谦益携柳如是拜访当地名流，且在席间酬唱中，向诸位文士宣布自己好事将近。数日来，钱谦益沉默、回避，似也经历了内心反复的权衡，但在虎丘，他的考虑终于周全。

上元夜泊舟虎丘西溪，小饮沈璧甫斋中

钱谦益

西丘小筑省喧阗，微雪疏帘炉火前。
玉女共依方丈室，金床仍见雨花天。
寒轻人面如春浅，曲转箫声并月圆。
明日吴城传好事，千门谁不避芳妍。

上元夜泊虎丘西溪小饮

柳如是

弦管声停笑语阗，清尊促席小阑前。
已疑月避张灯夜，更似花输舞雪天。
玉蕊禁春如我瘦，银釭当夕为君圆。
新诗秾艳催桃李，行雨流风莫妒妍。

这是继正月二日游拂水山庄后，两人的首度唱和。可见，半月的嘉兴、松江游赏，实际两人各怀心事，以致有貌合神离之态。虎丘文宴，钱谦益道出“明日吴城传好事”，暗指自己已下定决心。柳如是因而心情也是愉悦的，和诗开句“笑语阗”，意谓许多人谈笑风生的场景，可以想见柳如是置身其间的欢快。

这一组唱和，陈寅恪先生评道：“钩心斗角，各显所长，但河东君之作终胜于牧斋。”其实，柳如是胜出钱谦益的，又何止这一组诗歌。近两月的对峙、较量中，柳如是始终示弱，以退为进，但在貌似柔弱的姿态中，未尝没有一种骄横。柳如是心里是有底的，她总归知道，钱谦益已在自己掌心。当跳出了“爱”这一至迷至幻情愫的蒙蔽，直奔寻夫主题时，柳如是也无比通透。

然，钱谦益终究不过是愿意输罢了。他愿意输给这个年轻自己三十六岁的小妮子，愿意在催逼中让步，愿意背负恶名，冒天下文士之大不韪，成全她那份对安定的向往和执着，撑持她的人生。

此份情义，柳如是终生铭记。

4 结缡

崇祯十四年（1641）六月七日，松江之上，芙蓉画舫内，钱柳举行正式的合卺婚礼。钱谦益分外兴奋，一口气赋诗《六月七日迎河东君于云间，喜而有述》四首。

其一

鸳湖画舸思悠悠，谷水香车浣别愁。

旧事碑应衔阙口，新欢镜欲上刀头。
此时七夕移弦望，他日双星笑女牛。
榜枻歌阑仍秉烛，始知今夜是同舟。

其二

五茸媒雉即鸳鸯，桦烛金炉一水香。
自有青天如碧海，更教银汉作红墙。
当风弱柳临妆镜，罨小新荷照画堂。
从此双楼惟海燕，再无消息报王昌。

其三

忘忧别馆是侬家，乌榜牙樯路不赊。
柳色浓于九华殿，莺声娇傍七香车。
朱颜的的明朝日，锦障重重暗晚霞。
十丈芙蓉俱并蒂，为君开作合昏花。

其四

朱鸟光连河汉深，鹊桥先为架秋阴。
银釭照壁还双影，绛蜡交花总一心。
地久天长频致语，鸾歌凤舞并知音。
人间若问章台事，钿合分明抵万金。

稍后又赋《催妆词》四首：

其一

养鹤坡前乌鹊过，云间天上不争多。
教他织女还侥幸，月笑生时早渡河。

其二

鹊驾鸾车报早秋，盈盈一水有谁留。
妆成莫待双蛾画，新月新眉总似钩。

其三

鹑火舒光照画屏，银河倒转渡青冥。
从今不用看牛女，朱鸟窗前侯柳星。

其四

宝架牙签压画轮，笔床砚匣动随身。
玉台自有催妆句，花烛筵席与细论。

柳如是终于得偿所愿。

陈寅恪先生就此评述：“风尘憔悴，奔走于吴越之间几达十年之久，中间离合悲欢，极人生之痛苦，然终于天壤间得值牧斋，可谓不幸中之幸矣。”

不唯此次结缡大事，此后数年婚姻生活的点滴、柳如是的身影，均在钱谦益诗作中频频出现，似每提笔作诗，钱老都情不自禁地写到柳夫人，简直是忍不住要秀恩爱的样子。

与此形成对照的是，对自己苦苦等待的良缘佳期，柳如是不着一字，至少流传下来的诸多诗作，无一关乎此次结缡。而且，婚后柳如是的诗词创作便基本进入“停产”阶段，数量远远少于婚前。

从此，柳如是终生都是“柳夫人”了。她的生命进入一个新时期，一个丰饶而深沉的时期。思绪静谧，身心安宁。这般的妥帖、安稳，似使她不再需要借助诗词来抚慰自己了。

来归钱谦益之前，柳如是作诗填词，尤喜用“柳”自比。柳絮飞蓬，身家飘荡，随波而流，既是自述身世，也是孤凄凄地抱着文字取暖。其间最著名的是向来为人唱诵的《金明池·咏寒柳》：

有怅寒潮，无情残照，正是萧萧南浦。更吹起，霜条孤影，还记得旧时飞絮。况晚来烟浪斜阳，见行客特地瘦腰如舞。总一种凄凉，十分憔悴，尚有燕台佳句。　　春日酿成秋日雨。念畴昔风流，暗伤如许。纵绕有、绕堤画舸，冷落尽，水云犹故，忆从前，一点东风，几隔着重帘，眉儿愁苦。待约个梅魂，黄昏月淡，与伊深怜低语。

一段人生，许多故事，许多心情，许多甘和不甘，皆徐徐落定。再无“柳絮”自喻，再无顾影自怜，柳如是稳稳地做着她的糟糠人妻。

婚礼进行得并不顺遂。

当画舫停靠松江江畔，看热闹的人蜂拥而至，江堤一阵哄乱骚动，大家想尽法子要让这一对僭越礼俗的老夫少妻出丑。各种指责、侮慢、轻佻语，甚至有人朝画舫投掷石块。钮琇《觚剩》卷三《河东君》载：“三泖荐绅，喧焉腾议。至有轻薄之子，掷砖彩鹢，投砾香车者。”

但钱、柳两人均不介意，婚礼仪式照章进行，该发糖发糖，该拜天地拜天地，没有这些正人君子们的愤慨，婚礼倒真显得冷清了。于是乎，画舫终载着半船砖头往江心悠悠远去了。

望着江堤还在奋力讨伐她怒斥她、张牙舞爪的人群，柳如是或会想起好友汪然明：此情此景一定要记得在信里细细说与他听。她想象友人读信时慢慢笑出声的样子，自己也笑了。

合上信笺时，汪然明或也会深深吐一口气，柳如是托付之事，他到底有了交代，终于可以深藏功与名。

尺牍往事告一段落了。

第二章——尺牍往事（摘选）

不肯开花不肯妍，萧萧影落砚池边。

一枝片叶休轻看，曾住名山傲七贤。

——柳如是《题墨竹》

札一

湖上直是武陵溪，此直是桂栋药房矣。非先生用意之深，不止于此。感甚，感甚。寄怀之同，乃梦寐有愫耳。古人云千里犹比邻，殆不虚也。廿八之订，一如台命。

崇祯十一年（1638）秋，受汪然明之邀，柳如是前往杭州，寓居汪然明地处西湖横山的别墅。与陈子龙的情事尘埃落定，再无余地，此番杭州之行，柳如是心下两意，一为疗愈情伤，再，便是托付汪然明，代为寻觅归宿。

汪汝谦，字然明，“号松溪道人，太学生，生于明季，慕西湖之胜，自歙县丛睦迁杭州，遂家钱塘，居缸儿巷，延纳名流，文采照映，董尚书其昌以陈大邛推之”。又，汪然明为徽州巨贾，“制画舫于西湖，曰不系园，曰随喜庵，其小者曰团瓢，曰观叶，曰雨丝风片。又建白苏阁，葺湖心、放鹤二亭及甘园、水仙、王庙，四方名流至此，必选伎征歌，连宵达旦，即席分韵，墨汁淋漓。或缓急相投，立为排解，故有湖山主人之目”。（《丛睦汪氏遗书》）

其人其行，可用一个字概括：侠。钱谦益称其“量博而智渊，几沈而才老。其热肠侠骨，囊橐一世之志气，如洑流溃泉，触地涌出”。与柳如是齐名的另一才妓林天素亦称其“昔寄迹西湖，每见然明拾翠芳堤，偎红画舫，徜徉山水间，俨黄衫豪客”。因之，汪然明在众友人中又素有“黄衫豪客”之名。

与汪然明交往密切的才女，除柳如是、林天素、王修微等名冠江南的才妓，也有柳如是闺中好友黄媛介这样的才媛。汪然明与她们诗酒往还，徜徉山水，又在其困厄、窘迫之时，慷慨解囊，多方相助，真真谓“黄衫豪客”。

此次邀请，当是柳如是试探，汪然明会其意，然后才有的杭州之行，此举正乃雪中送炭，柳如是甚是感念。

札二

早来佳丽若此，又读先生大章，觉五夜风雨凄然者，正不关风物也。羁红恨碧，使人益不胜情耳。少顷，当成一诗呈教。明日欲借尊舫一向西泠两峰，余俱心感。

札六

弟欲览草堂诗，乞一简付。诸女史画方起，便如彩云出衣，至云友一图，竟似蒙蒙渌水，伤心无际。容假一二日悉其灵妙，然后奉归也。

诗歌唱和、画作品鉴，及诗画技艺的切磋，当是汪然明与众江南才女交往的基础，他赏其才华，怜其运命，才会时时以一些不会有轻慢意味的方式资助她们。比如汪然明的著名画舫“不系园”，可说是才女名士们的定点聚会场所。在此画舫，才妓们受到格外善待，又能有机会在人丛中觅得良人，为自己后半生求一份安稳。

此番杭州之行，汪然明为柳如是在不系园举办各类聚会是免不了的。另，汪定然也会在生活日常给予妥帖的照顾，如札二所示，柳如是直言“明日欲借尊舫一向西泠两峰”，想来此类琐事上的“要求”已成惯常，两厢都不会忸怩。

但汪然明待柳如是，或到底与他人不同。虽然众才女在其困顿时，汪然明都会毅然伸出援手，如王修微起远离尘嚣意，汪便出资为其修葺居所，并取名“净居”；又如多年来，汪一直是林天素与文人士大夫之间有力的中介，这使林天素的画作能够进入文士眼中，有了市场，纵然身逢乱世，林也因此得有自救之途……

然，似没有人能像柳如是这般，能得到汪持久而深沉的关注。柳如是生前刊刻三部作品集，《戊寅草》《湖上草》以及《尺牍》，均为汪然明出资赞助。不单于此，此番杭州择夫之旅，汪自然也是尽心尽力，而柳如是每逢困顿、屡遭恶徒纠缠，第一想到求助的人也是他。可说在拜谒半野堂之前，柳如是身处人生最低谷的这段时日，处处都仰赖汪然明的照顾、庇护。

柳如是初到杭州，汪然明在一首与她唱和的诗作《无题》中如是说：

> 明妆昨忆艳湖滨，一片波光欲荡人。
> 罗绮丛中传锦字，笙歌座上度芳辰。
> 老奴愧我非温峤，美女疑君是洛神。
> 欲访仙源违咫尺，几湾柳色暗香尘。

颔联耐人寻味。首句“老奴愧我非温峤”，用“温公却扇”之典。温峤，东晋名将，妻子去世，堂姑刘氏托他为自己女儿择婿，但温峤自己有娶她之意，便对堂姑说，已经找到这样一个人，该人的门第、职位都与他温峤相当。结婚时，新娘拨开遮面的团扇，果然看见是温峤。

汪然明“愧”自己非温公，未尝不是试探之举。次句“美女疑君是洛神”已隐有撩拨意，诗作末句又藏柳如是的名字，可说倾慕之心昭然，只等柳如是会意了。

柳如是当然会意，所以与汪往还尺牍中，均以“弟”自称。此自称是柳在与男性交往中得以自处（或也可说自保）的一贯方式，亦近亦远，亦亲亦疏，既可是金兰之交的“弟”，也可是四海之内皆兄弟的“弟”，总归无关儿女情的。此般刻意将自己与汪的情义定格在“忘年交”，柳如是到底也是费尽心思，想来汪然明只能《无题》了。

札四

接教并诸台贶，始知昨宵春去矣。天涯荡子，关心殊甚。紫燕香泥，落花犹重。未知尚有殷勤启金屋者也否。感甚，感甚。刘晋翁云霄之谊，使人一往情深，应是江郎所谓神交者耳。某翁愿作交甫，正恐弟仍是濯缨人耳。一笑。

在不系园的诸多雅集中，经汪然明引荐，柳如是倒也认识了一些“候选人”，比如此尺牍中提及的“刘晋翁”和谢三宾。

谢三宾，浙江鄞县人（今浙江省宁波市），天启五年（1625）进士，也即钱谦益典试浙江时的当届进士，可谓钱老的得意门生。崇祯元年（1628），谢三宾任陕西御道史，后擢太仆寺少卿；崇祯五年（1632）监军登莱之役，大获全胜，得军功。又，家世豪阔，家财万贯不止，崇祯八年（1635）利用丁父忧之机，结庐西湖,筑“燕子庄”别墅,做起了风流文士,自诩“花红水绿不归去,辜负西湖燕子庄”。可说,不论武功还是文艺还是门第,对柳如是这样的出身,都有莫大的吸引力。

此尺牍中,柳如是首先向汪然明致感激之情。“天涯荡子,关心殊甚”云云,又以“金屋”典故自嘲,浅浅几语,道尽身世的流离与苍凉,也不掩饰对汪的信任与依赖。

但接下来笔锋一转,柳如是言刘氏“使人一往情深”,可惜自己只能与之“神交”。“某翁”便是谢三宾,柳如是在此用“交甫”典故,婉言对谢的无感。交甫,即郑交甫,相传他曾于汉皋台下偶遇神女,交甫“目而挑之”,心有所冀,神女解佩赠之,没想“交甫行数步,空怀无佩,女亦不见”。交甫有意,神女无心。末句“恐弟仍是濯缨人耳”,再引《孟子·离娄上》:“沧浪之水清兮,可以濯我缨。”以示自己心志坚定,无意谢三宾。

身在窘境,亦为“天涯荡子”,纵然如此,也不愿违背本心,在自己终身大事上草率而为,也正因此,柳如是愈发感念汪然明。汪为她张罗、引荐,而她眨眼间连番坚拒两位“候选人”,毫无回旋之地,对汪然明,她感激,也抱歉。所以此尺牍开篇便姿态柔弱,连用两个“感甚”,自持而恳切,想来汪然明读之也会倍加怜惜这位傲气的弱女子,但这不过是为了接下来的坚拒做铺垫……这封尺牍,用黄裳先生的话说,“写得那么巧妙，漂亮极了”。

札五

嵇叔夜有言，人之相知，贵济其天性。弟读此语，未尝不再三叹也。今以观先生之于弟，得无其信然乎。浮谈谤谣之迹，适所以为累，非以鸣得志也。然所谓飘飘远游之士，未加六翮，是尤在乎鉴其机要者耳。今弟所汲汲者，止过于避迹一事，望先生速图一静地为进退，最切，最感。余晤悉。

树欲静而风不止。柳如是无意，谢三宾却分外钟情于她。谢在诗作《怀柳姬》里表露心迹：

烟雨空濛归路艰，石尤风急阻萧山。
倩将一枕幽香梦，吹落西溪松柏间。

想是柳如是的缄默、回避，让谢三宾在懊恼之余，又很是困惑：柳不过一风尘女子，自己能看中她，不啻她前世修来的福分，她为何这般摆谱呢？史传，谢三宾为得到柳的垂青，使出了“杀手锏”：量珠以聘。

携一奁珠宝首饰去见柳如是，动机是显示我谢大爷是有钱人。你柳如是托汪然明那老小子帮忙择夫，不就是想嫁个有钱人，过安稳日子？给你看看，我谢大爷的家底厚着呢。

以己之心度人之腹，谢的心胸如此而已，后来他在钱谦益修建绛云楼时不顾师生情谊乘机要挟，以及战乱中种种卑下行止，倒也表明他正是一个前后言行一致的真小人。这也是柳如是尺牍中所说“人之相知，贵济其天性”，不是一路人，多看一眼都添堵。

屡次骚扰、纠缠不成，谢三宾恶意散播种种“浮谈谤谣”，西子湖畔流言四起。柳如是惊惶不已。流言的威力，她早已领略。

崇祯六年（1633），柳如是与松江缙绅子弟宋徵舆相恋，被宋徵舆母亲知道，宋母勾结衙门公差，给柳如是扣了一顶“流妓，有伤风化”的帽子，责令她限期离开松江，幸得初相识的陈子龙愿意站出来为她担保……

此时乃她人生关键时刻，若声名被谢败坏，择夫一事搁浅不说，此后怕再难复起。横山别墅是住不下去了。柳如是紧急请汪然明代为寻找暂避之所：“今弟所汲汲者，止过于避迹一事，望先生速图一静地为进退，最切，最感。余晤悉。”对照札四中“感甚，感甚”时的自矜，此时语调急迫慌乱，无助绝望之情，溢于言辞间。

无论多么艳名高炽，身份终究卑贱，不容于正统，任何一点流言，都能即刻将她打倒。面对流言，柳如是是惊弓之鸟。或者在谢三宾的眼里，她应也仅如一只蚂蚁，完全在他手心里，轻轻一捻，就能捏死。

札七

鹃声雨梦，遂若与先生为隔世游矣。至归途黯瑟，惟有轻浪萍花与断魂杨柳耳。回想先生种种深情，应如铜台高揭，汉水西流，岂止桃花千尺也。但离别微茫，非若麻姑方平，则为刘阮重来耳。秋间之约，尚怀渺渺，所望于先生维持之矣。便羽即当续及，昔人相思字每付之断鸿声里。弟于先生，亦正如是。书次惘然。

此札被公认为三十一通书牍中，最为深情、动人的。

“回想先生种种深情”云云，当是柳如是于绝望中求助，汪然明及时伸出援手，从中斡旋，暂时平复了谢三宾的纠缠。柳如是度过困境，心绪稍微清宁，甚至也有心情在书信中开点小玩笑，如将自己与汪比作“麻姑方平”典故中的两位主角。

东汉时，仙人方平、麻姑结伴同行，路经凡人蔡经家，麻姑幻化为十指纤纤的美丽女子，降于蔡家，不想蔡经对这双手念念不忘，默想：“背大痒时，得此爪以爬背，当佳。”方平察悉其心中俗念，怒曰：“麻姑，神人也，汝何思谓爪可以爬背耶?”麻姑可是神仙啊，这纤纤玉手，怎能用来做挠背的爪子呢?!

次句再引“刘阮”典：刘晨、阮肇往天台山采药，迷路，邂逅两位仙女，因之在山中蹉跎经年。待两人回乡，时已入晋，子孙已过七代。后再往天台山寻访，仙女早不知去踪。

“非若麻姑方平，则为刘阮重来耳”，连用两个典故，句意或谓：汪然明似有访某友的决定，柳如是表示自己愿意随行，一如麻姑方平，而若是汪然明携其他友人来拜访自己，她是不会接待的，还会如天台山仙女那般遁去……转而又说“秋间之约”，不管约定具体为何，柳如是直言“所望于先生维持之矣”。

此尺牍短短数字，言辞间时而端雅，时而娇嗔，时而伤怀，真是声情并茂。其时柳如是虽说“美人迟暮”，到底只有二十来岁，在年长她约四十岁的老人汪然明跟前，那种孩子气或也会不经意就流露出来吧。

札十五

温序想清襟与和气相扇，可胜延跃。不意元旦呕血，遂尔岑岑。至今寒热日数十次，医者亦云较旧沉重，恐濒死者无几，至增伤悼耳。所感温慰过情，邮筒两寄，铭刻之私，非言所申。嗟乎，知己之遇，古人所难。自愧渺末，何以当此。倘芝眉得见，愁苦相劳，复何恨耶？荒迷之至，不知伦次。

札十七

一发尺素，一为沾襟，浑似对温颜而道繁悰也。旅思凄其，归心转剧。相望盈盈，何由披沥。如得片晷过存，一筹住留，则羁人幸甚。否则躬涉远叩，图奉清尘也。仓忽草复。

札十八

流光甚驶，旅况转凄。恐悠悠此行，终浪游矣。先生相爱，何以命之？一逢岁始，即赐清驺。除夕诗当属和呈览，余台照，不既。

至崇祯十二年（1639）年末，柳如是一直寄居杭州，并在此度岁。此番杭州之旅，有赖汪然明多方照顾，日常生活也还妥帖。与陈子龙分手内心累积的伤恸，经岁月流转，或也在渐渐消散。又，不系园雅集频繁，经汪的巧妙安排，聚会中不时会出现新鲜面孔的“应试者”，社交也热闹着，新鲜着。只是，努力周旋于各色人间，一年下来，竟无一人可入己眼己心，柳如是身心渐疲。值新年之际，或会想起松江城内，母慈子孝的陈子龙一家……胸中块垒终究难消。

札十五中，柳如是坦言自己“元旦呕血，遂尔岑岑”，当是各种劳心、气郁集结所致。佳节之期，人间皆阖家团圆，唯她在无烟火气的空屋里呕血，“恐濒死者无几，至增伤悼耳”，或会生出生无可念的悲怆？“天涯荡子，关心殊甚”“回想先生种种深情”“知己之遇，古人所难”等等，柳如是屡次在尺牍中不厌其烦地剖白对汪然明的依恋之情，当是这时节，这绝境中，唯有汪然明的耐心、周全，给她的人生托了底，因之，她的心气、元气到底还在，还没有沉到最低处，还是能再挣一挣的。

然，世人谓“雪上加霜”，道是人世无常，又或，这才是人世常情吧。择夫之事不顺也就罢了，谢三宾复又旧态萌发，再行纠缠，杭州无论如何是待不住了。札十七，柳如是谓“旅思凄其，归心转剧”。杭州之行，终究以与谢三宾这等无赖的“浪游”、荒废结束，柳如是心里满是鄙夷，但除了避开，别无他途。札十八，柳如是谓汪然明，“先生相爱，何以命之?”寓居杭州的这段时日，先生的厚爱和庇护，终是无以为报了。

崇祯十三年（1640）春，柳如是离开杭州，避居嘉兴。

札廿五

率尔出关，奄焉逾月。先生以无累之神，应触热之客，清淳之语，良非虚饰。而弟影杯弥固，风檄鲜功，乃至服饵清英，泳游宗极，只溢滞淫。靡间恬遏地，有观机曹子，切劘以文。其人邺下轶才，江左罕俪，兼之叔宝神清之誉，彦辅理遣之谈。观涛之望，斯则一耳。承谕出处，备见恺切，特道广性峻，所志各偏。久以此事推纤郎，行自愧也。即某与云云，亦弟简雁门而右逢掖。谐尚使然，先生何尤之深，言之数欤？至若某口语，斯又鄙流之恒，无足异者。董生何似？居然双成耶？栖饮之暇，乐闻胜流。顾嵇公懒甚，无意一识南金。奈何！柴车过禾，旦夕迟之。伏枕荒谬，殊无铨次。

至嘉兴，柳如是居吴来勺园，调理养病，可也并未因此获得清静。据载，这年夏天，谢三宾追至嘉兴，又做种种努力，试图挽回柳如是。柳如是再次坚拒。谢三宾终于明了柳如是的心意坚决，在诗歌《即事》里抒发无奈：

万事瓦解不堪言，一场春梦难追觅。
无情只有杨柳枝，日向窗前伴愁绝。

谢三宾一厢情愿，将与柳如是的交往当作一场春梦，但在柳如是，与谢三宾之相识，已经不是荒废时间的“浪游”，而演变成一场噩梦了。因谢三宾屡番骚扰，求而不得，终恼羞成怒，又在士人间大肆编派、诽谤柳如是。柳如是应已从汪然明的来信中获知，此时杭州城内关于她的各种谣言甚嚣尘上。“风檄鲜功”意即言辞尖锐的人身攻击。

此尺牍满纸都是愤懑之情，字字指向谢三宾。谢三宾回杭州后，或又数度拜托汪然明再从中斡旋，争取柳如是的“回心转意”，汪然明许是在来信中转达了谢的意思。因之，柳如是再度表明，自己天性推崇儒素，不好权贵，“特道广性峻，所志各偏”，无意再回杭州。又，有董姓人氏中意柳如是，托汪然明引荐，柳如是一口回绝。“董生何似？居然双成耶?”因此人姓董，柳如是引“董双成”典故揶揄之。董双成，相传为西王母侍女，柳如是将这位董氏比作该侍女，不过是为其主子吹嘘、说项。

此尺牍处处引典，措辞隐晦，而柳如是的满腹愁怨，并未有丝毫消解。这种种情绪，一则恼恨谢三宾，也难免没有迁怒于汪然明的意思，以致说出“特道广性峻，所志各偏”这样的话。想是汪然明在来信中或隐晦表达了一个饱经沧桑的老人的意见，意即“谢三宾未尝没有可取之处”云云，柳如是怨其为谢三宾说项，所以赌气似的，连累这位董氏，也一道被她揶揄了。

“观机曹子”，陈寅恪先生推测此处代指陈子龙。柳如是谓汪然明，自己欢喜陈子龙这样的儒士，而非谢三宾那般权贵，或已有心灰意冷的酸楚，认为自己已在山穷水尽处，此生再无机会遇到良人，董氏什么的索性连见面机会也不给了。

但有意思的是，陈寅恪先生称此札正乃柳如是尺牍中“最可研究而富有趣味者”，又云此札“实为河东君身世之转捩点”。因柳如是与谢三宾彻底绝交，也拒绝再见董氏之类的倾慕者，她已决定再返盛泽归家院。

再一次回到归家院，似又落回了原点。然，时易世移，人之一生如巨浪、洪涛，滚滚向前，谁又能真正回到原点呢。此时，柳如是人生最为紧要的一段姻缘正在来路上，正在向她靠近。作为这段历史后来的观察者，能看到她的来路，也能看到她的前途，陈寅恪先生将此札定为柳如是身世的“转捩点”，无不透出先生对柳如是历经坎坷、终获良缘的欣慰。

汪然明收到这份明显带有情绪的尺牍，会做何感想呢？柳如是仓促决定去往嘉兴前，曾留与汪然明一首诗《出关外别汪然明》：

游子天涯感塞鸿，故人相别又江枫。
潮声夜上吴城阔，海色晴连越嶂空。
壁垒烟销生日月，菰蒲日落起雄风。
谁怜把酒悲歌意，非复桃花潭水同。

游子天涯，故人又别，然，“回想先生种种深情，应如铜台高揭，汉水西流，岂止桃花千尺也”。此处柳如是再次化用名句“桃花潭水深千尺，不及汪伦送我情”，表达自己对先生的“感甚，感甚”之情：非复桃花潭水同。

汪然明自当了然，也懂得，因为他仍然没有忘记柳如是的托付。

札廿八

弟之归故山也，本谓吹笛露桥，闻箫月榭。乃至锦瑟瑶笙，已作画檐蛛网。日望凄凉，徒兹绵丽。所以未及遵剡棹，而行踪已在六桥烟水间矣。已至湖湄，知先生尚滞故里。又以横山幽崎，不减赤城。遂怀尚平之意。不意甫入山后，缠绵夙疾，委顿至今。近闻先生已归，幸即垂视。山中最为丽瞩，除药炉禅榻之外，即松风桂渚。若觌良规，便为情景俱胜。读孔璋之檄，未可知也。伏枕草草，不悉。

不久，柳如是果回盛泽，尺牍中“故山”是也。此次重返归家院，已经是柳如是第三次无路可走了。

第一次，被从“吴江故相”周道登府邸赶出，那时到底年轻，天真无畏，利用周道登这个招牌，打出“相府下堂妾”

的幌子，居然也成就了艳名。第二次，与陈子龙相守不成，被迫分离，两人嘉善诀别，她独返盛泽，那虽已是人生大恸，终究还有力气“恸”的。其时与汪然明的友谊或也让她看到些许新的希望，虽痛失爱人，前程仍可期，尚未落到满盘皆输的地步。

而此次重返，眼中风景、心中所念，已与以往大不同。本以为可以回到从前“吹笛露桥，闻箫月榭”的生活，不承想“锦瑟瑶笙，已作画檐蛛网”，望之满目凄凉。归家院，这一处曾惹得无数士子、纨绔子流连顾盼的温柔乡，已与她的韶华一样，成为锦绣往事。她正在变成一个被青葱年华遗弃之人，早晚也会如这“画檐蛛网”，自生自灭，无人过问。她熟稔这个圈子，熟悉前辈们的命运。她似看到了自己的未来。

必须再次振作，不能就此向命运投降！

柳如是致信汪然明，约好盛泽垂虹亭晤谈，临近，汪却因事不能赴约，只能再择日。但归家院已不能继续停留，多待片刻都难以忍受。柳如是遂决意立即启程，去杭州横山，坐等汪归……如此这般，直至汪然明从徽州还横山，柳如是才松下一口气，尺牍末娓娓道出：横山风景自有烟霞，但自己却很想聆听先生的旅途见闻，一定会受教无尽。

从横山返盛泽，到复返横山，不过数日而已。“特道广性峻，所志各偏”之类心气甚高的赌气话，还热乎着呢，这阵儿便放下傲娇，眼巴巴地追汪然明到横山。可想见归家院现时之景状给柳如是内心带来的震动和恐惧。

人家还没归家，就自行先去别人家里候着，大有一种非见不可，且我这事你非管不可的意思。这可不是朋友间的礼数。或情势所迫，柳如是顾不得维持自己的形象了，更或者，柳如是其实明白得很，汪然明买她的账。她吃定他了。

据传后来《尺牍》的刊刻，颇费了一番周折，其中之一便是钱谦益不高兴柳如是与汪然明的这些通信公之于世。这份不高兴，颇有些醋意的。钱老从未吃过柳如是前任们的醋，因为他可以他之痴情之才华之豪富，碾压任何前任，事实上，他也做到了。唯汪然明，他无法取代。以一个阅尽沧桑的老人的经验，钱老自然知道，在柳如是人生最低谷，一直是汪然明在鼎力相撑，不计得失。此般情义，不管怎样定义，都弥足珍贵。

所以呀，钱老介意的。

札三十

嗣音遥阻，顿及萧晨。时依朔风，禹台黯结。弟小草以来，如飘丝雾，黍谷之月，遂蹑虞山。南宫主人，倒屣见知；羊公谢傅，观兹非邈。彼闻先生与冯云将有意北行，相望良久。何谓二仲，尚渺溯洄？弟方耽游蜡屐，或至阁梅梁雪，彦会可怀。不尔，则春王伊迩，薄游在斯，当偕某翁便过通德，一景道风也。耑此修候，不既。

崇祯十三年（1640），仲冬，经汪然明引荐，柳如是放舟常熟虞山，拜谒东林魁首钱谦益。从柳如是在半野堂的种种表现，再从柳如是兴高采烈写信告知汪然明此事进展，可知此次虞山之行，柳如是当是与汪然明详细斟酌，做足功课的。

南宫主人，即钱谦益。此尺牍最大的亮点在“南宫主人，倒屣见知”。倒屣，典出《三国志·魏书·王粲传》，东汉蔡邕，颇受董卓赏识，宦海青云，因之常宾客盈门。面对望风者的示好，蔡邕颇有些骄傲，唯每闻王粲来，却倒屣相迎。而王粲“年既幼弱，容状短小”，实在是貌不惊人，众人纳罕，蔡邕却云：“此王公孙也，有异才，吾不如也。”柳如是引此典，意在形容钱谦益对她的一腔热情。

此尺牍系列，从札二十六至札二十九，正如陈寅恪先生所道，乃柳如是“身世飘零、疾病缠绵、最困苦时间之作品”，甚在札二十九中，柳如是称自己久病未愈，近又渐剧，“几至弥留”，无论身心，或她都已濒临彻底崩溃的边缘，只差再一根稻草的重压了。

真真是“山重水复疑无路，柳暗花明又一村”，钱谦益的盛情一定也在柳如是的意料之外吧，因之她用“倒屣见知”，措辞分外隆重，挡不住的喜出望外，又不无炫耀之意，是那种黑夜里跋涉许久的人终于见到曙光时的不自禁。不知此时的汪然明先生，是倍感欣慰呢还是怅然呢？

信末，柳如是说到自己与钱谦益的正月出游计划，并说届时会同“某翁”一起拜会先生。有学者推测，此尺牍或经钱谦益过目，因其时钱谦益亦致函汪然明，谓不日将携柳如是至杭过访。如此这般，钱谦益的意图分外明显，从今以后，他便是柳如是的护花使者，汪然明的使命完成了。

从柳如是拜谒半野堂到致函汪然明，数日而已，而钱谦益迅速反客为主，也正好说明，对汪然明，钱老真的是抱有戒心和醋意的。由此或也可推测，若柳如是迟迟寻觅不到更合适的人，托底的汪然明未尝不是她的后路。

但她到底选择了与钱谦益一起续写后半生。

札三十一

尺素之至，共感相存。知虞山别后，已过夷门，延津之介，岂漫然耶？此翁气谊，诚如来教。重以盛心，引睎明恺。顾惭菲薄，何以自竭。惟有什袭斯言，与怀俱永耳。武夷之游，闻在旦夕，杂佩之义，于心阙然。当俟越橐云归，或相贺于虞山也。应答小言，已分嗤弃，何悟见赏通人，使之成帙。非先生意深，应不及此。特有远投，更须数本，得飞桨见眙为感！非渺诸惠，谢谢。四箑草完。不尽。

《尺牍》最后一札，汪然明建议将这些书信刊刻，柳如是虽云“应答小言，已分嗤弃，何悟见赏通人，使之成帙”，实际上是同意的。此事惹得钱谦益大不愉快。但他只能表示不愉快，而不能真的干预。这是柳如是必须愿意的事。除了尺牍本身的才华横溢，如同时代的才姝们所赞誉的“三十一通尺牍，篇篇蕴藉风流”，或“艳过六朝，情深班蔡”等，《尺牍》于柳如是与汪然明之间，又别有意味。

在汪然明，《尺牍》之刊刻，或才算他在柳如是人生中的使命真正完成了。因了钱谦益，他深知自己必将退出柳如是的生活。钱谦益，不仅会取代他的角色，还能给柳如是他汪然明愿意给而她却迟迟不愿笑纳的。

失之东隅，必收之桑榆。终归，汪然明也是有私心的。他建议刊刻《尺牍》，明白柳如是无法拒绝。纵然此生不能与她白首，经了《尺牍》，世人皆知，后人皆知，在柳如是最“身世飘零、疾病缠绵、最困苦”时，站在她身畔的是汪然明（想来，这也是钱谦益反对刊刻的原因）。

在柳如是，她生性高傲，未尝愿意将自己最落魄、最狼狈的这段生活公之于世，但她同意了。汪然明的情义，她无以为报，《尺牍》之刊刻，权作她对他的报答了。

无疑，《尺牍》问世，这段“忘年交”也随之归于平淡了。

1654 年，七十七岁的汪然明在《次儿请假归省，督师赠余风雅典型匾额。儿归，因叙亲友随任十年无一存，童仆亦亡十七。余慨八十老人，一切当谢，使余年得闲，即儿辈养志。感怀述事，复拈八章，自当焚笔砚矣》中回顾自己人生：“世事看来总戏场，如何偏我独多伤。每逢按剑无男子，犹喜谭诗遇女郎。昔逢王杨林梁诸女史，今遇吴岩子元文黄皆令王端淑诸闺阁。昔慨侯门怀短铗，今看彩服上高堂。庭前绿映逢初夏，喜视儿孙序雁行。”

文中提到的诸女史，“王”即王修微，“杨”即杨云友，“林”即林天素，“梁”即梁玉微，皆是与柳如是同时代的名姝，汪也提到了柳如是的闺中好友黄媛介，却独独绕过了那个时代最风云、与他交情最深的柳如是。

汪然明先生是忘记了吗?

1654 年，即顺治十一年。历史改朝换代，世界天翻地覆。许多人，许多事，都早已不是原来的样子。

第三章——闺中说剑

东房游魂三十年，老夫双鬓更皤然。
追思贯酒论兵日，恰是凉风细雨前。
埋没英雄芳草地，耗磨岁序夕阳天。
洞房清夜秋灯里，共检庄周说剑篇。
——钱谦益《秋夕燕誉堂话旧事有感》

1 绛云楼

崇祯十六年（1643）冬，半野堂附近，一幢藏书楼落成，匾曰“绛云”，此名意取道家典籍《真诰》中“绛云仙老下降，仙好楼居”，以媚柳如是。钱谦益又允柳夫人亲笔书写，悬于门楣，俨然此书楼主人。

半野堂古雅、庄肃，年轮久长的蕴咏，恰如花甲之年的钱谦益，与之相比，绛云楼的阵容格外雍雅、锐进，亦如柳如是的繁茂年华。据载，绛云楼系前堂后楼、左右厢房的群体建筑，楼层精巧别致，所谓“房栊窈窕，绮疏青锁”。楼分三层，底层为客厅、书房、卧室，楼上两层皆为藏书专用。

钱谦益爱书，用他自己的话说，“仕宦三十年，但余书满床”。藏书室四壁皆书，藏书丰富、涉略广博。据钱谦益《绛云楼书目》所载，楼中藏书依传统分类“经、史、子、集”四部的顺序标目。又，修明史一直为钱谦益心中夙愿，因此，四部之外，又将“国朝”类若干图书单独列目。总体来说，绛云楼藏书，经部16类，收书343种；史部10类，收书315

种；子部 27 类，收书 1270 种；集部 14 类，收书 659 种；明史专题书目，收书 617 种。又收有各种珍贵的古籍、善本，据传仅宋刻书就有数万卷。

自落成之时，绛云楼便一跃为江南著名藏书楼，名冠当时。钮琇在《河东君》中谓其“大江以南，藏书之家，无富于钱”。钱老亲撰《绛云楼书目》，一时被奉为读书人案头必备，也引得后世爱书人每每念及、追忆，如清人叶德辉在《郋园读书志》中回顾：“当时好事者人钞一册，为按图索骥之资，故传本之多，本出名人手校。”

纵在当时，绛云楼藏书之丰富，装潢之雍雅，前有文坛盟主坐镇，后有一代名姝来归，引领了江南文艺沙龙的风潮。诸多学子、士人，只要入江南常熟，必会拜访。绛云楼内，青灯置酒，众士人促坐漫谈，从读书、读史到读天下，到汹汹时局，莫不侃侃而来。其时，外有清军雄踞山海关外，又屡屡进犯，攻城略地，如入无人之境，辽东已成虎穴狼巢；内有李自成、张献忠等率领下的农民军，肆虐中原大地，所过之处，饿殍、死伤狼藉。内忧外患的夹击中，大明千疮百孔，危矣……每论到激昂处，钱老亦意欲振臂而出。

然，钱老毕竟年迈，心也渐渐灰了，从万历三十八年（1610）中进士至今，宦海沉浮数十载，屡遭人排挤、倾轧，统共在朝时间三年而已，无数的壮志雄心，均遭搁浅，如今听起来不过牢骚罢了……老人亦撑不住倦怠了。此时，柳如是便会代夫应酬，与士人称兄道弟，概不避讳，常让座客们倾倒下拜。时人惊骇，继而，遂成绛云楼一景。

明末清初的大思想家黄宗羲，年轻时亦为绛云楼的常客。黄氏在《思旧录》中回顾此段读书往事：

余数至常熟，初在拂水山房，继在半野堂绛云楼下。后公与子孙贻（名孙爱，字孺贻）同居，余即住于其家拂水。绛云楼藏书，余所欲见者无不有……

史载，黄宗羲虽沉迷于绛云楼内藏书，终因家室之累，时有瞻顾，不能陶然于书海。某晚，柳如是遣丈夫出面，赠金七两予黄氏，嘱咐为安置家室资费，希望他不为银钱所累，专心读书。

史家提及此事，笔致所向，概因黄宗羲之父黄尊素与钱谦益同出东林，志同道合，后黄尊素因弹劾魏忠贤，遭魏迫害惨死。柳如是念父子忠耿，揣有一份敬慕之心，遂与丈夫相商，出资助他读书。然，若独持此论，抑或为党争的遗产，依然门户之见。

自天启朝始，东林党和魏忠贤之“阉党”，衔怨日深，交互倾轧，终呈水火之势，不容彼此。崇祯一朝，钱谦益屡屡沦为党争牺牲品，终致郁郁不得志。此皆为事实。但，既是党争，亦为派系之斗，浊者未必尽浊，清者未必自清，说到底，纯属统治阶层内部的权力之争。

所谓门户之见，首先得有门户，因之可说只有中上层才有这个资格了。而柳如是，出身草野，往来风尘，于身份、地位而言，可谓卑贱，但又正因微末、不足道，经上流人士之未经、见上流人士之未见，才不易生偏见。这同她后来在弘光朝与所谓“阉党”余孽阮大铖的遇合便可看出。因之，柳如是出资助黄宗羲，固为敬重他的向学之志，而更多的，或不过为钱谦益考虑罢了。

万历三十八年（1610），钱谦益中进士，官授翰林院编修。旋即父殁，丁忧回籍，至神宗皇帝驾崩，诣阙补官，已是十年后的万历四十八年（1620）。天启元年（1621）八月的浙江乡试中，钱谦益领命担任主考官，不承想落入陷阱，遭受贿谤，年底便不得不引咎辞职、返乡。天启四年（1624）八月，钱谦益再次奉召入京，任翰林院编修原官。然，在天启五年（1625）的阉党、东林之争中，原早已结案的浙江乡试案又被政敌翻出，钱遂遭弹劾，谪官削籍。崇祯元年（1628），钱谦益又奉召入京，可在紧跟着的廷臣会推入阁事件中，再次遭周延儒等人陷害，以“结党”之名被崇祯帝贬回原籍。周延儒等不肯就此放过他，崇祯九年（1636），周延儒遣人在崇祯帝前告发，罪状罗列近六十款，钱谦益被逮下狱，后经多方斡旋，散去数千金，才终于保了平安。

连番遭遇无妄之灾，原以为到头了，没想还有更大的打击。周延儒被政敌温体仁搞垮，策划复出之际，找到钱谦益等名士，期冀获得支持，承诺入阁后向皇帝荐举。政治角斗场原就没有永远的敌人，钱谦益出钱出力，又寻朝中关系网为周的复出铺路。没承想，周延儒过河即拆桥，还背地里嘲笑："钱牧斋只堪领袖山林耳！"想入阁为相？不过只配做山林领袖罢了！受人利用又遭此大辱，钱谦益以这最后一次重击结束了自己的宦海生涯，从此不问政治，专心学问，明面上说是耕山钓水，优游林下，径自风流痛快，内心实在也相当憋屈。

钱谦益长年招"读书伴侣"，不过借读书、学识上的交流切磋，来排遣心中的孤独不得志。丁忧数年间，钱谦益留年龄相当的程孟阳长住拂水山庄，互伴多年，而现在的黄宗羲，虽小钱谦益二十八岁，学养亦深厚，渐呈一代大家之风范，钱老无比珍视。玲珑慧心如柳如是，岂能瞧不出丈夫的心思。

早年囿于勾栏，周旋于各类逢场作戏的场合，察言观色、洞悉世情亦为柳如是的看家本领，但，这并未因此磨损她的悲悯之心，相反，正因洞悉人情人性，才心如明镜，才知道怎样妥帖、适宜地予人照拂。

来归钱谦益，入主拂水山庄，归宿终有定时，柳如是没有忘记长年四处颠沛的好友黄媛介。借绛云楼落成契机，柳如是邀友人来山庄小住。“小住”之意，依汉学家高彦颐考证，实为一种柳如是会支付金钱的陪伴关系，也即柳如是以自己需人陪伴为名，给予黄媛介物质上的援助，黄媛介在诗中亦有提及：黄金不惜为幽人。

自称“幽人”的黄媛介，字皆令，出身书香门第。黄媛介少负才，工诗、文、书、画，名于一时，钱谦益在《士女黄皆令集序》中，将黄之才学与自家夫人柳如是并论，称：“今天下诗文衰熸，奎璧间光气黯然。草衣道人与吾家河东君，清文丽句，秀出西泠六桥之间。马塍之西，鸳湖之畔，舒月波而绘烟雨，则有黄媛介皆令。”张岱亦在《赠黄皆令女校书》诗中赞道：“未闻书画与诗文，一个名媛工四绝。”

待成年后，黄媛介嫁与青梅竹马的杨世功，无奈杨家贫窘，杨世功一介书生，并无谋生能力，黄媛介只得往还江南各镇，靠出售书、诗、画，兼受聘做富贵人家女眷的私塾老师，谋得养家之资。杨世功曾在日记中描述送妻子外出谋生，渡江遇雨的场景：“皆令渡江时西陵雨来，沙流湿汾，顾之不见，斜颔乃踟蹰于驿亭之间，书奁绣帙半弃之傍舍中，当斯时，虽欲效扶风橐笔撰述东征，不可得矣。”舟至江心，遇暴雨，瞬间水涨船沉，黄媛介幸得被湍流裹至对岸驿亭，而书奁绣帙皆散乱，人亦狼狈不堪……累年四处奔波、讨生活，此番景况原也该会经常遭遇。其间种种苦楚，柳如是当最能体会。

自此，黄媛介一直住在绛云楼，直至北都陷落。当柳如是随丈夫前往南京，亦邀黄媛介同行。再至一年后，南京弘光朝廷覆没，国破家亡，不得不各奔西东时，黄媛介赠诗柳如是，在《眼儿媚·谢别柳河东夫人》中，她写道：

黄金不惜为幽人，种种语殷勤。竹开三径，图存四壁，便足千春。

匆匆欲去尚因循，几处暗伤神。曾陪对镜，也同待月，常伴弹琴。

于黄媛介而言，与柳如是互相陪伴的这段时光，是她人生中一段难得的闲暇。再回头看，这竟也是两人各自人生中最后一段闲暇。

覆巢之下无完卵。此后，她和她都成了大明遗民。

少有凌云之志，几番挫磨后，钱谦益决意栖隐书楼，潜心学问，继续他修撰明史的大业。前半生在学术、诗艺深耕多年，此时钱老可谓成就斐然。不单创建了虞山诗派，与陈子龙领衔的云间派、吴伟业为首的娄东派鼎足而立，且门人数千，动辄“引得四海所游之士，不远千里，行縢修贽，乞其文刻系牲之石，为先世光荣者，络绎门外”。

但想来钱老内心总也时常惶惶然，莫名空落，才要将好友长年绊在山庄，陪他读书、解闷。自与柳如是结缡，这份空落终于落地，稳住了，再不会举目茫然，四顾无着。

绛云楼内，美人在旁，不仅红袖添香，且能酬对自如。胸有浩落，亦有风雷，见识才学远在平常女子之上，钱老日夕晤对，每有收获。史载，“宗伯吟披之好，晚龄益笃，图史校雠，唯柳是问。每于画眉余暇，临文有所讨论，柳辄上楼翻阅，虽缥缃浮栋，而某书某卷，拈示尖纤，百不失一”。（钮琇《觚剩·河东君》）

钱老值“岁晚”之际，贵在阅历、性沉，诗格自然“气骨苍峻，虬松百尺”，柳如是到底年轻，情性尚有许多可塑空间，时而浓媚烂漫，时而萧疏可爱，其诗作“幽艳秀发，如芙蓉秋水，自然娟媚，宗伯公时亦逊之。于时旗鼓各建，闺阁之间，隐若敌国”。白首对红颜，错落亦有情致，倒经常让钱老眼前一亮，一如他致函名士冒襄所言：“花露海错，错列优昙阁中，焚香酌酒，亦岁晚一段清福也。”此期间，钱谦益刊刻的诗文集《初学集》，引得明末士子赞誉有加，如德州士子程先贞将他与韩愈、苏轼并论，赞其“五十年间众所称，斯文未丧赖先生”。亦有虞山诗学的铁杆粉丝云：虞山“有钱宗伯为宗主，诗坛旗鼓，遂凌中原而雄一代”。最终确立了钱老文坛祭酒的地位。

然人生好事，自古难圆满，世谓求仁得仁，大多只存于美好祝愿中。绛云楼藏书虽充栋汗牛，每每想到宋刻《汉书》的出售，书痴钱谦益或也心肝疼得厉害。

疼一，《汉书》乃传世孤本，当年以一千二百两银子购进，至今珍藏二十年余，可谓镇斋之宝。但为筹绛云楼修建资费，钱谦益不得不忍痛出售。钱老曾怅言："床头金尽，平生第一杀风景事也。此书去我之日，殊难为怀。"

疼二，乘人之危者竟系自己的得意门生谢三宾。柳如是归钱谦益，谢三宾衔恨日久。听闻老师欲售《汉书》，欣然前往，交易之时又狠狠杀价，钱老瞠目，却也被迫让步。商人谢三宾以银一千两购得此书。没有赢得美人归，不管怎样，他也要想法子在老师心上剜一刀，将大家都恶心一回。

2 兵气

时常感觉钱不够花的，不止一家之主钱谦益，还有一国之主，当朝皇帝崇祯帝。

自嘉靖、隆庆年间，位于明朝东北关外的建州女真，日益壮大，十数年间，你来我往，敌攻我迎，大大小小的战争没有消停过，辽东边防的压力愈来愈重，渐成扎进明王朝的一根尖刺。天启六年（1626）和天启七年（1627），“建虏”连番进犯，大明虽险胜，却并未能挫其锋芒，相反，当时整个京城都笼罩在紧张气氛中，人皆惶惶。其时崇祯帝作为一个深宫少年，紫禁城数月来的阴霾压顶，至今犹记。

新官上任都有三把火，何况新晋帝君。群臣瞩望中兴之治，崇祯帝亦胸怀壮志，即位便着手抓两件大事，一是清算魏忠贤领衔的阉党以正朝野风气，其二便是决意彻底平定辽东，剜除大明东北的这一块旷日脓疮。

打仗要人，也要实打实的银钱来夯。数年来，镇守辽东的将领换了一任又一任，可每任将领在任期间的奏折，都有一个永远不变的主题：军饷。崇祯帝这次重新起用的袁崇焕也不例外。袁崇焕立下军令状，五年平辽，但所提的几个条件中，居首便是钱粮。

崇祯帝天性节俭。

从小母亡，不受父亲待见，与哥哥明熹宗亦无甚情分，崇祯帝生性有一种天然的不安全感。又，明熹宗主政期间，一心专注木工，不问朝政，大小政事一律为魏忠贤把持。魏忠贤横行宫廷内外，视人命如草芥，动辄酷刑诛杀，崇祯帝少年时虽已是御封亲王，每一日却也像是走钢索，时刻都有被推入深渊的危险。少年崇祯住在勖勤宫，作为皇帝唯一幸存的亲弟弟，国库每年都会拨给勖勤宫不菲的专项生活费用，但经层层盘剥后，最终落到宫里的寥寥。

崇祯不敢言语。为了活下去，只得精打细算。少年崇祯经常打发宫里小子到民间市集购买食物和日用品，因宫中用度的价格相较民间，高出数十倍不止，哪是一个亲王消费得起的。数年后，崇祯帝坐上了皇位，成为天下之主，终于可以想吃什么就吃什么了。有一年，崇祯帝突然想念幼时吃过的宫外市集的元宵，便派人去买。经管太监回宫，依崇祯帝多年来养成的习惯，照例要询问元宵价格，账目务必交割清楚。

太监回报，一碗元宵一两银子。

崇祯帝故作惊讶，呀，这物价涨得真快，记得当年信王府时一碗元宵才不过三十文。

经管太监一身冷汗。

节俭的另一层意思是，吝啬。每次要崇祯帝往外掏钱时，不啻在他心上扎刀子。

崇祯元年（1628），袁崇焕督师辽东不久，山海关外两大军事重镇宁远、锦州的驻军相继哗变。因军饷长期拖欠，众士兵撂挑子不干了。驻军散伙，辽东等于是拱手送人。军情万分紧急，诸大臣皆上疏请求朝廷迅速补发拖欠军饷，以抚边军。崇祯帝责令户部解决。但户部久虚，拿不出几十万银子，无力解决。

这时节，有个叫刘鸿训的老臣，自忖与崇祯帝交情不错，便上疏请求皇帝拨出部分“内帑”（皇帝的私房钱），发往辽东救急。群臣附议，均奏请皇帝出出血。此事触及崇祯帝的逆鳞。为了大局，崇祯帝最后虽也忍着锥心之痛，拨出内帑三十万充作辽饷，但这个在皇帝心窝子上插刀的刘鸿训，因此也上了黑名单。事过不久，崇祯帝便想办法把这位老臣流放了。

制造武器要钱，军饷要钱，赈灾要钱，镇压农民暴乱的军事行动要钱，招抚农民军要钱……如此这般，帝国遍布血窟窿，每一笔钱投进去又都像落进了无底深渊，一个泡泡也没有。还需要更多的钱。可想而知，崇祯帝的心已变成了飞镖靶子，每一本要钱的奏折都是投向靶子的飞镖。

嗖，嗖嗖，嗖嗖嗖。

没有开源之道，能节流也好。

刑部给事中刘懋上疏，请求裁剪驿站。刘懋给皇帝算了一笔账，裁驿站能省下不少钱。崇祯帝想了想，准奏。

崇祯二年（1629），全国多处驿站遭到裁撤。驿站撤销，驿站工作人员自然就失业，只能卷铺盖回老家了。据载，此次失业驿卒数以万计。其时，全国各地均遭连年自然灾害，流民失所，盗寇蜂起，尤以西北为最，陕西等地“陷城杀吏”这般事态严重的农民暴动时有发生。如此凶险的情形下，失业驿卒走投无路，恶向胆边生，变亡命徒，国内形势本已万分严峻，此又雪上加霜。

1629 年，银川驿站裁撤，驿卒李自成只好回到陕西老家。其时“秦中迭饥，斗米千钱，民不聊生，草根树皮剥削殆尽……”为了活下去，李自成不得不想法再寻一份工作。

这年年底，李自成加入王左桂的队伍，自此开始了造反大业。

驿站裁撤事宜落定，经核共计省下银子六十八万五千两，明面上说是“移作边地修防之需”，但在移来移去的过程中，这些银子也不过就像落到地面的雨，无声无息地消失了。

不过，崇祯帝不愧是一个理财能手，在帝国到处都须钱补窟窿的穷景荒年，他在位十七年，攒下金银三千七百多万两。数年后，当李自成杀进紫禁城时，用了老大的劲，请了四十多辆车，才将这批金银运走。

剑术行

柳如是

西山狐鸟何纵横，荒陂白日啼鼯鼪。
偶逢意气苍茫客，须眉惨淡坚层冰。
手无风云但悍疾，挟我双骑西南行。
未闻马上言龙骧，已见门前悬弓戟。
拂衣欲走青珊瑚，澒洞不言言剑术。

须臾树杪雷电生，玄猿赤豹侵空冥。
寒锋倒景不可识，阴崖落木风悲吟。
吁嗟变化须异人，时危剑器摧石骨。
我徒壮气满天下，广陵白发心恻恻。
视此草堂何为者，雄才大略惟愁疾。
况看举袖星辰移，海童江妾来迟迟。
杰如雄虺射婴茀，矫如胁鹄离云倪。
萃如列精俯大壑，翕如匹练从文狸。
奇鸧孤鹗眼前是，阴云老鹤徒尔为。
丈夫虎步兼学道，一朝或与神灵随。
独我忼忾怀此意，对之硉矶将安之。

此诗写于崇祯七年（1634）。崇祯五年（1632）冬，柳如是自盛泽归家院出发，向佘山而行，为大儒陈眉公老先生祝寿。其后便一直在江南各镇漫游，拜谒天下名士。游历中，眼见得暴乱四起，民不聊生，帝国千里江山已满目疮痍。

开篇即点的“西山狐鸟”，便谓当时各地迭起的民变、民暴。次句的“鼯鼪”意指鼯鼠、鼬鼠一类的夜行动物。鼯鼪本昼伏夜出，如今一改常性，于青天白日、朗朗乾坤下横行无阻，可谓世道骤变。

崇祯元年（1628），陕西澄县农民不堪饥馑，杀入县衙，聚众起义。短短数月，暴动席卷西安府白水县、蒲城县、韩城县等地，暴乱队伍迅速壮大，整个西北堕入一片乱局。至崇祯二年（1629），陕西三边总督武之望死于任上，他留下的总领西北军政的职位，变成一块烫手的山芋，朝中无人敢接。崇祯帝惊觉，常规的剿“流贼”行动，已经无法控制汹汹局势。

既为“流贼”，最大的特点便在流动性。倏分倏合，时而聚众合一，时而化整为零，匿于普通民众间，真假难辨。官军主动攻击，反遭其牵制。在陕北官军的围击下，崇祯三年（1630）春，农民武装渡过黄河，战火呈燎原之势，扩大到了山西、河南等地，有地方志载农民武装所到之处：“旌旗蔽空，甲光耀日，南尽南山，北尽河曲，波压云涌而至，惟闻马嘶之声。自朝至夜，连营数里。”又有臣僚上书中所呈“遍地是贼”。自此，中原动荡，生灵涂炭，大江南北，皆不复安宁。

崇祯七年（1634）冬，崇祯帝命陕西三边总督洪承畴兼督河南、山西、湖广、保定、真定等地军务，统领围剿“流贼”行动。崇祯帝下令调动河南、湖广、四川、山西等地兵马，集结河南。但军事行动尚在部署中时，农民武装再次大举进攻河南，阵势浩大，军情汹汹，有如奏报所言：“大小七十二营之贼，有二三十万之多。”

在一种不祥预感的恐慌中，崇祯帝不惜动用镇守山海关以扼清军军力的精兵，各路军马集结，合计兵力七万五千，马一万五千匹，兵饷近百万两，崇祯帝罕见的慷慨，又从内帑拨银二十万两，为本次围剿助力，命六个月荡平中原，还乾坤清泰。

然，此次重大的军事围捕筹划期间，农民武装依然抢先了一步。崇祯八年（1635）正月十一日，农民武装攻下皖北重镇颍州。正月十五日上元节，农民军突袭凤阳，纵火皇陵，破坏朱家祖坟。

二百九十年前的那个春天，在一场空前的旱蝗瘟疫中，六十四岁的老爹朱五四、五十九岁的老妇陈氏，相继撒手人寰。朱元璋与兄弟向好心邻居乞求了一块地，埋葬了双亲。数年后，明太祖朱元璋重修父母陵墓，扩建成规模宏大的皇陵，建亭立碑，亲撰《皇陵碑》，回顾当初葬礼的减薄：殡无棺椁，被体恶裳，浮掩三尺，奠何肴浆……

二百九十年后的这个春天，正月二十二日，正值新春重开经筵的日子，噩耗抵至紫禁城。崇祯帝大惊失色，即刻素服、避殿，随后下诏罪己。

“偶逢意气苍茫客”以下诸句，柳如是畅想乱世之中，能有一英雄豪杰，横空而出，以“弓戟”，以“青珊瑚”之剑，以“须臾树杪雷电生，玄猿赤豹侵空冥”之高超剑术，救众人于水火，力挽大厦于既倒。然，时局败坏至此，处处皆亡国之象，身为“匹妇”，到底无用武之地，只能“我徒壮气满天下，广陵白发心恻恻”。虽幻想自己“丈夫虎步兼学道”，终也只能“独我忼忾怀此意，对之硉矹将安之”。

此时远在紫禁城之巅的崇祯帝，也有这样的感慨，身为一国之君，手握天下贤能，却也人到用时方恨少。崇祯帝企望天降神英，能助他“荡涤妖氛”。

崇祯九年（1636），出乎众朝臣的预料，崇祯帝夺情起用正在丁父忧的原宣大总督杨嗣昌，擢其为兵部尚书。不负皇帝厚望，杨嗣昌根据“流贼”特性，提出一个围剿方案：四正六隅，十面张网。

根据这个方案，全国范围设置十个战区，“四正”，即围剿之网的四个主要战场，包括湖广、河南、陕西、凤阳；“六隅”，即大网的六个次要战场，包括延绥、山西、山东、应天、江西、四川。四个正面战场，主力兵团流动进剿，六个次要战场，负责严守自己区域，再相机配合主力兵团围剿。

无论当时的崇祯帝，还是后来的历史学者，均认为这是个“计划相当严密”的军事行动。对杨嗣昌，崇祯帝大有相见恨晚之感。杨所提围剿行动共需军饷二百八十万八千两，崇祯帝一口应承，都没像以往那样打折。

崇祯十年（1637）和崇祯十一年（1638），“十面张网”初现成效。李自成遭到洪承畴的重创，败走秦岭，西北“流寇”基本荡平。在河南、湖广流窜的张献忠部众亦被击败，张献忠同意接受招抚。至此，农民军两位首义者，一位疾窜山野，一位受降，农民军战争“陷入一个前所未有的低潮之中”（苗棣《大明亡国史：崇祯皇帝传》），崇祯帝大喜过望。

然而，此亦不过昙花一现。

岳武穆祠

柳如是

钱塘曾作帝王州，武穆遗坟在此丘。
游月旌旗伤豹尾，重湖风雨隔髦头。
当年宫馆连胡骑，此夜苍茫接戍楼。
海内如今传战斗，田横墓下益堪愁。

崇祯十二年（1639），西子湖畔，柳如是拜谒岳武穆祠。此祠为祀抗金名将岳飞而建。

数百年前，宋室南渡，以杭州为都，虽偏安江南，亦曾有过一段繁华。然，世事萧然，“帝王州”归尘，西子湖畔，唯武穆遗坟独存。

颔联从“咏史”转到时局。中原大地，原已哀鸿遍野、烽火千里，而关外，清军再次来犯。崇祯十一年（1638）九月下旬，清朝睿亲王多尔衮率军，分别由今北京密云区西境、河北抚宁县北境，捣毁长城，进袭内地。内寇外敌，情势胶着。

十月初十，京师戒严。

于忠肃祠

柳如是

少保绝世人，功名寄辽廓。
方其用兵时，战守何精确。
意气吞龙荒，事业高云阁。
坐见大驾回，左贤死绝幕。
一朝天命移，穰苴谋始作。
西市诵白云，风雷遂寂寞。
异议岂不知，历数公所学。
伤哉感殊遇，因此犯锋锷。
至今二百年，精灵在丘壑。
我来西湖滨，檐霤更萧索。
荒草鸣蟪蛄，青天横鹙鹗。
松柏暗丘陇，枯桑喧鸟雀。
洒泪空夕阳，英风竟安托。
自公替凌后，几人称荦卓。
所以徒步客，恸哭霸王略。

于谦，钱塘人氏，永乐十九年（1421）进士，后擢兵部右侍郎。明正统十四年(1449),土木堡之战中,明英宗为瓦剌敌军擒获,于谦临危受命,任兵部尚书,督师迎战,迫得瓦剌送还英宗。然,立下不世功勋的于谦,后终在权力倾轧中遭人陷害,英宗以谋逆罪将其问斩西市。直至数年后,明朝后来的帝君才先后为其昭雪,追赐谥号“肃愍”,建祠纪念。

“至今二百年”后,柳如是拜谒忠肃祠,追忆了这段往事。如今忠魂远去,国势危厄,清军横扫东北,如入无人之境,局势之凶险早不是当年的瓦剌敌军能比的。

崇祯帝先后急令西北“剿贼”主力孙传庭、洪承畴等,率军北上勤王,然,此等可谓全国精锐面对清兵,皆不堪一击。至崇祯十二年(1639)三月,多尔衮因军中瘟疫被迫撤军,清军此次远征,“纵横2000多里,先后败明军57阵,攻陷了50几座州县和山东省城,杀明朝两名总督和百余名各级文武官员,俘获人口牲畜共计46万多……掠夺白银近百万两,其他各种财货无数。”(苗棣《大明亡国史:崇祯皇帝传》)

“十面张网”中乍现的“中兴”曙光就此熄灭,从此大明王朝在黑暗的深渊中越坠越深。

3 说剑

万历十一年(1583)九月二十六日,江南常熟钱家小少爷满周岁，依当地“抓周”习俗，家人准备了金银钱物、笔墨纸砚、脂粉钗环等，任小少爷随意抓取。没想小少爷真的随意了，他抓了脂粉盒。钱父为此郁郁。钱父科考经年，屡试未第，由此对独子钱谦益寄予厚望。

“抓周”不如人意，也不能因此松懈。万历十八年（1590）钱父又一次名落孙山后，决意隐退科考圈，专心栽培钱谦益。因此，文坛盟主钱谦益，小时候也有一个“奥数”童年。

钱谦益幼年即随父学习《春秋传》，熟读《史记》《汉书》《三国志》等历史著作，少负大才，好谈古今，十来岁便作《伍子胥论》《留侯论》，远近有了声名。万历二十四年（1596），十四岁的钱谦益，随父前往无锡，拜谒东林领袖顾宪成。顾老先生创办东林学院，聚众讲学，讽议朝政，评量天下，为当时许多读书人所敬仰。由老先生亲撰，悬于书院门楣的那副经典对联，钱谦益铭记于心。

风声雨声读书声，声声入耳。
家事国事天下事，事事关心。

桑榆之年，钱谦益像所有老人，喜提过往，追忆钱家家学渊源及祖上辉煌。谈及祖父，钱老写道：“先祖与其弟副使公力学奋励，嘉靖己未，会试举《春秋》第一，观政吏部。是冬，奉命饷辽东军，抵家未弥旬而卒。先祖倜傥有大志，不屑为章句小儒，焚膏宿火，讲求天文、律历、河渠、兵、农诸家之学，提纲举要，荟蕞成书，凡百余卷，名曰《资世文钥》，盖《通典》《通考》之流亚也。”

关于父亲，钱谦益亦写道：“先君讳世扬，年十二三，能谙记五经、《史记》、《文选》，凡百余万言。世授胡氏《春秋》，收拾旁魄，搜逖疑互，既成，以授学者。学者咸师尊之……先君志节激昂，好谈古忠节奇伟事，每称述杨忠愍、海忠介诸公，嚼齿奋臂，欲出其间……”

再看柳如是，源自无考，身世模糊，一句话即可交代。出生浙江嘉兴，本姓杨，名朝，字朝云，小名云娟。其他无考。看名字，原应也是知书识礼的小户人家，只因天降横祸，家人亡殁，才不得不流徙江湖，其中的际遇、磨折无从得知。当小云娟出现在世人的视野、历史的视野，她已沦落风尘，身在盛泽归家院。

然，无论出生世家大户，渊源久长，还是颠沛人间，无根无基，身为大明子民，风暴欲来，都能切切感觉到那份危机。

秋夕燕誉堂话旧事有感

钱谦益

东虏游魂三十年，老夫双鬓更皤然。

追思贳酒论兵日，恰是凉风细雨前。
埋没英雄芳草地，耗磨岁序夕阳天。
洞房清夜秋灯里，共检庄周说剑篇。

此诗写于崇祯十三年（1640）秋。

崇祯十二年（1639）三月，清军出关，兵临北京城下的警报终于解除，崇祯帝得以再次回头对付农民军残部。此时中原各处仍游荡着农民武装“余孽”，而先已在谷城、房县受降的张献忠、罗汝才等亦蠢蠢欲动。杨嗣昌密谏先发制人，趁机剿灭，崇祯帝犹豫良久，最终同意。四月下旬，明廷开始部署，派各路大军对谷城、房县进行围剿。

再一次，未等围剿行动部署完毕，农民军降而复叛，造反起义。五月初九，张献忠在谷城起事，二十三日，罗汝才等在房县响应。借诈降之机休养生息良久的农民军，此次出击，锐不可当，重创朝廷派出的精锐左良玉部。

崇祯帝只得打出最后一张王牌。九月初四，杨嗣昌身负皇命，赴前线督师。

崇祯十三年（1640）正月，杨嗣昌率各部对张献忠等发起围剿。战况胶着多时，张献忠部终占上风。入秋，张献忠、罗汝才经达州、巴州，一路杀进四川。杨嗣昌被迫率部出走襄阳大本营，入川追剿。

“东虏游魂三十年，老夫双鬓更皤然。”钱老于诗中追忆宦海半生，自万历三十八年（1610）登第，迄今三十年过去，却是一腔热血，报国无门，游魂而已。

“追思贯酒论兵日”云云，意谓遥想万历四十六年（1618）四月，努尔哈赤以“七大恨”告天，控诉明廷对女真的迫害，次日攻占抚顺，正式向大明宣战。为发起反攻，崇祯帝祖父万历皇帝，任兵部右侍郎杨镐为辽东经略兼巡抚，赐尚方宝剑，命其率部出关迎敌。

万历四十七年（1619）正月，杨镐誓师，兵分四路，出山海关。然，不逾两月，兵败。其时，钱老正好奉召入京，惊闻战败，与门生谢三宾等人相聚，谈兵说剑，他回顾这一辽东战事亦写道：“余在长安，东事方殷，海内士大夫自负才略，好谈兵事者，往往集余邸中，相与清夜置酒，明灯促坐，扼腕奋臂，谈犁庭扫穴之事，恨不能一举荡平建虏。”

如今，清军长驱直入，四进关内，其势汹汹，早不是昔时“建虏”，而中原流贼，僵而未死，卷土重来，亦呈鲸吞之象。大明苟延而已。英雄失路，耗磨残景，唯有：洞房清夜秋灯里，共检庄周说剑篇。

崇祯十三年（1640）冬，蛰伏于川陕边界多时的李自成再次现世。

此时，李自成被推举为闯王。

崇祯十四年（1641）正月，李闯王攻占洛阳，杀万历皇帝生前最疼爱的儿子，也是崇祯皇帝的嫡亲叔父福王朱常洵。二月初，张献忠攻占杨嗣昌的大本营襄阳，襄王朱翊铭被斩首。

大明帝国已成一只四处漏水之船，杨嗣昌纵有三头六臂，也阻止不了它的沉没。数月以来，此时已身患重疾的杨嗣昌部紧跟在农民军后，奔命于四川。洛阳、襄阳相继失陷，两位亲王被杀，又是两拳重击，直接将杨嗣昌送上黄泉路。杨嗣昌在给友人的信里说："天降奇祸，突中襄藩。仆呕血伤心，束身俟死，无他说矣。"三月，杨嗣昌灯枯油尽，死于行辕，终年五十四岁。

朝中已无杨嗣昌。史家认为，明廷"再也没有一个能组织起对农民军进行大战役的战略人才了"。

两个月不到的时间里，朝廷痛失两城、两亲王、一位难得再遇的将才。崇祯帝一生宵衣旰食，绝处图强，常寄希望于以一己之力整顿朝纲，肃清边患、内患，挽大明于既倒。然，每一次振作的结果，这漏舟却是往深渊更滑进一步。

崇祯皇帝陷入无边的茫然与痛苦之中。

崇祯十四年（1641）四月，崇祯皇帝突发奇想，这桩桩件件的劫难，难道是因为皇陵遭毁，龙脉异象，所以国运受阻？他特召相关部门，商讨此事。

一番细致考察后，礼部侍郎蒋德暻回奏：中国有三大干龙，中干旺气在中都凤阳，结为凤阳祖陵；南干旺气在南京，结为钟山孝陵；北干旺气在北京，结为天寿山长陵。这三大干龙，本朝独会其全，是万世灵长之福。

三龙犹守护着朱家王朝，风水亦无碍，天命如常，然而……

崇祯十二年（1639）三月，多尔衮因军中瘟疫，率部撤出关内，清廷趁明军与农民武装厮杀之际，休养生息，继而，再度发难。

崇祯十三年（1640）三月，清廷发兵围困锦州，明廷虽派了大明最高军事统帅洪承畴为蓟辽总督，迎战清军，到底也无暇北顾。接下来一年的时间里，清军不慌不忙地肃清锦州外围的军事堡垒，围绕锦州建立八座大营，挖深壕，筑垛口，又利用深壕将各营连接。至此，在清廷有条不紊的工事建筑中，锦州已成清军的瓮中之物，岌岌可危。

崇祯十四年（1641）冬，钱谦益携柳如是游历镇江京口。钱老赋诗《冬至后京江舟中感怀八首》，其中第七首，诗云：

柁楼尊酒指吴关，画角声飘江北还。
月下旌旗看铁瓮，风前桴鼓忆金山。
余香坠粉英雄气，剩水残云俯仰间。

他日灵岩访碑版，麒麟高冢共跻扳。

宋建炎四年（1130），金兵南下，深入长江地区，沿途掳掠，进逼临安。其时镇守镇江的南宋大将韩世忠，于黄天荡设伏，邀战金军，以区区八千兵力围困十万金兵四十八天，据传，韩世忠之妻梁红玉亲自擂鼓军中，鼓舞士气。钱老于诗中“感怀”此役。

无奈，余香坠粉英雄气，剩水残云俯仰间。

宁远，洪承畴麾下集结宁远总兵吴三桂、密云总兵唐通等八镇兵马计十三万人，驰援锦州。然，几番鏖战后，明军惨败，吴三桂败走，洪承畴率残部突围未成，退守松山，迄今已被困三月余。

壬午除夕

钱谦益

蓬荜依然又岁除，如闻幽仄问樵渔。
耗磨时序心仍在，管领山林计未疏。
爆竹声中传火急，椒花颂里解严初。
闲房病妇能忧国，却对辛盘叹羽书。

崇祯十五年（1642）除夕，柳如是卧病，钱谦益吁叹，白首红颜，两厢愁对而已。虽是新年，常熟城内爆竹声声，半野堂内，却无半分喜乐，两人皆引颈等待最新塘报抄件。

松、锦四镇仍在困守中，正谓：“爆竹声中传火急，椒花颂里解严初。”或许不论清廷、大明，还是城内困守将士，抑或历史本身，都已达成一个默契：辽东无望。四镇被破，已成定局，大家不过耐着性子等待新的一年到来。

三月，围困终于解除。松山、锦州失陷。洪承畴被俘。至此，“明王朝完全失去了在山海关一线同清军相持抗衡的能力”。（苗棣《大明亡国史：崇祯皇帝传》）山海关完全暴露在清军面前。

崇祯皇帝再一次颁布罪己诏。

病榻消寒杂咏之十八

钱谦益

忠驱义感国恩赊，板荡无将赤手遮。
星散诸侯屯渤海，飙回子弟走长沙。
神愁玉玺归新室，天哭铜人别汉家。
迟暮自怜长塌翼，垂杨古道数昏鸦。

钱老于诗脚自注：“记癸未岁与群公谋王室事。”癸未，即崇祯十六年（1643），“与群公谋王室事”意即谏言崇祯皇帝。

大明亡国，咫尺之距。钱老虽一介布衣，终也不甘就此坐以待毙。三月，钱老上书《请调用闽帅议》：

为今之计，拯溺救焚，权宜急切，惟有调用闽帅一著。伏乞皇上立敕郑帅，移镇东南，专理御寇事宜。东南之要害不止一隅，既奉命移镇，则东南皆信地也。皖急可借以援皖，凤急可借以援凤，淮急可借以援淮，比之弈棋，下一子于边角，而全局皆可以照应，则下子之胜著也。

辽东清军，源自黑山白水间，长于马术，一人一马，冲锋陷阵，势不可当，奈何生性惧水，不习水战，若说此时整个大明王朝还有令多尔衮攒眉的，只有东南沿海的水师了。钱老此奏，不无道理。只是让一国之君移镇东南，兹事体大，须从长计议，而朝中上下，不论帝君还是臣僚，皆笼罩在一种末世情绪中，大家都在静待最后时刻的到来，怕是无人会正经对待区区布衣之言。

崇祯十六年（1643）冬，李自成占领西安，从此“关以内无坚城”（《明史》），大明帝都北京城，完全暴露在李闯王眼中。

又一次，崇祯皇帝下诏罪己。

第四章 — 王朝倾覆

梦千重，家万里，流落天涯，日月秋光起，

今是何年浑不记，墙角多情，犹挂崇祯历。

——万寿祺《病中风雨》

1 北都沦陷

崇祯十七年（1644），正月初一，北京城内天气骤变，“大风震屋，飞沙咫尺不见，日无光”。（《甲申传信录》）崇祯帝焚香沐浴，再次拜天，祈祷上苍为大明指点迷津：“方今天下大乱，欲求真仙下降，直言朕之江山得失，不必隐秘。”

“真仙”答复：“帝问天下事，官贪吏要钱。八方七处乱，十炊九无烟。黎民苦中苦，乾坤颠倒颠。干戈从此起，休想太平年。”（《明季北略》）

就在同一日，千里之外的西安，李自成称王，国号大顺，改元永昌元年。

正月初四，崇祯帝召大臣李明睿等议事，讨论对策。李明睿开门见山，建议迁都南京，谓“惟命不于常，善则得之，不善则失之。天命微密，全在人事，人定胜天”。（《明季遗闻》）崇祯帝疑惧，不敢轻易表态。南迁之议，未果。

正月初七，吏部给事中吴麟徵上奏，建议召回宁远总兵吴三桂，入京勤王。此举意味着将宁远甚至更多东北区域，拱手于清廷。崇祯帝未表态。

正月初八，李自成等不及过完年，挥师渡过黄河，一路向北。

正月初九，北京收到李自成的最后通牒。这位曾经的驿卒，用了十五年杀到北京。他在通牒里宣称，大顺军将于三月十日抵京，决战紫禁城。朝堂之上，面对大明三百年基业，崇祯皇帝叹曰："朕非亡国之君，事事乃亡国之象，祖宗栉风沐雨之天下，一朝失之，将何面目见于地下?"（《明史》）

正月二十日，大学士李建泰率领一支五百人队伍，出北京城，代崇祯帝亲征。鼓乐声中，崇祯帝亲自送行，绝望之下，竟将希望寄托于这支由地痞、无赖、闲散人员临时拼凑的杂牌军。

同日，大顺军横扫山西。次日，平阳及黄河沿岸州县全部落入大顺军之手。

正月二十八日，崇祯帝召见群臣，再次讨论南迁。未果。

二月七日，李自成攻陷山西首府太原。崇祯帝召集六部、都察院和翰林院群臣商议南迁。仍未果。

二月二十五日，崇祯帝又召群臣，再议南迁。终，未果。崇祯皇帝曰："夫国君死社稷，乃古今之正，朕志已定，毋复多言。"（《明季北略》）

三月一日，大顺军攻占大同。

三月四日，崇祯帝终于决定放弃宁远，颁勤王令，命吴三桂、刘泽清、唐通率部入京勤王，同时下令征召民兵，布告天

下："各路官兵，凡忠勇之士，倡义之王，有志封拜者，水路并进。"（《甲申传信录》）

三月十一日，李自成占领宣化。

三月十五日，大顺军攻占昌平。此处距紫禁城仅六十余公里。

三月十七日，大明王朝最后一次朝会。君臣相顾，皆潸然无语，"诸臣亦相向泣，束手无计"。（《烈皇小识》）同日，大顺军攻占西直门。李自成遣使入紫禁城，代表大顺军与崇祯帝谈判。未果。

三月十八日清晨，李自成率部攻城。黄昏时分，大顺军占领南城。

傍晚，崇祯帝召集家人，举行最后一次团圆聚餐，《明季北略》载：

（崇祯帝）进酒，酌数杯，语周皇后曰："大事去矣！尔宜死！"袁妃遽起去，上拔剑追之，曰："尔也宜死！"刃及肩，未扑，再刃，扑焉，目尚未瞑。皇后急返坤宁宫，自缢。时已二鼓。上巡寿宁宫，长公主年甫十五，上目怒之，曰："胡为生我家？"欲刃之，手不能举，良久，忽挥剑断公主右臂而扑，并刃坤仪公主于昭仁殿。遣宫人讽懿安皇太妃李氏，并宜自缢。上提剑至坤宁宫，见皇后已绝，呼曰："死得好！"

崇祯帝手刃妻妾、女儿，只为护其清白，免其落于敌手，但对于儿子，尚存一丝幻念。崇祯帝密令内监护送太子及两位小王子出城，临行嘱咐，乱离之际，须隐姓埋名，保护好自己，他日“万一得全，来报父母仇，无忘我今日戒也!”但身为人父，终究放心不下皇子流落人间，最后一刻也不忘谆谆教导：“若逢做官的人，老者当呼为老爷，幼者呼为相公；若遇平民，老者呼为老爹，幼者呼为老兄，或称为兄长；呼文人为先生，呼军人为户长，或称长官。”（《烈皇帝遗事》）

三月十九日，清晨，崇祯帝最后一次来到朝堂，再看一眼他坐了十七年的大明帝座。此时，朝堂空矣，轩轩帝宇下，他一人而已。

年初朝会，众臣上奏，言库藏久虚、军饷匮乏已久，如今连守城门的兵士都无饷可支，恳请陛下拨出内帑，崇祯帝曰：“今日内帑难以告先生!”（《甲申传信录》）其时，崇祯帝的内库积蓄，存金银三千七百万两之多，如此危急存亡之秋，却甘心做个守财奴，史论因其生性悭吝所致。

悭吝是有，但堂堂一国之君，“皮之不存，毛将焉附”的浅显道理何尝不知？有明一代，创制两百七十余年，历经十六位帝君，除了明太祖，崇祯皇帝该是明史上最为操劳的国君了。崇祯帝一生励精图治，宵衣旰食，终了，却亲手葬送了大明江山。作为亡国之君，崇祯帝明白，他将被钉在历史的耻辱柱上，千秋万代，永世不得翻身。崇祯皇帝心中充满了怨恨。据载，崇祯帝遗言："诸臣误朕也，国君死于社稷，二百七十七年之天下，一旦弃之，皆为奸臣所误，以至于此。"（《甲申朝史小记》）

最后时刻，崇祯皇帝万念俱灰，拒绝与"奸臣"合作。他颁发最后一道罪己诏，随即只身前往煤山。

《明季北略》载："大明大行皇帝于崇祯十七年甲申三月十九日夜子时，龙驭上宾。"

2 清军入关

王之盛望，素所深慕，但春秋之义，交不越境，是以未取通名。人臣之义，谅王亦知之！令我国以宁远偏孤立之故，令三桂弃宁远而镇山海，思欲坚守东陲，而固京师也。不意流寇逆天犯阙，以彼狗偷乌合之众，何能成事？奈京城人心不固，奸党开门纳款，先帝不幸，九庙灰烬。

——吴三桂致书多尔衮

崇祯十七年（1644），三月四日，勤王令下达，宁远总兵吴三桂率部向关内进发。

三月二十日，吴三桂抵达距北京不远的丰润，忽闻北京陷落，崇祯帝驾崩。吴三桂率部返回山海关，就此驻扎，静观其变。

李自成致书招降吴三桂："事机已去，天命难回，吾君已逝，尔父须臾，呜呼！识时务者可以知变计矣……"（《明季北略》）其时，吴家上下近四十人以及爱妾陈圆圆皆在北京，李自成动一根手指头，便可叫他们万劫不复。吴三桂犹疑再三，决意归降。

吴三桂组织人马，统兵入关，孰料行至永平，探子来报，吴家家财被籍没，父亲吴襄及其余三十八人被扣作人质，陈圆圆亦被李自成手下一员大将掳走。吴三桂怒不可遏："逆贼如此无礼，我吴三桂堂堂丈夫，岂肯降此狗子，受万世唾骂，忠孝不能两全！"（《明季北略》）纵兵返回山海关。

自三月二十七日起，李自成连番派军攻吴，夺取山海关。几轮鏖战下来，吴三桂虽险胜，也明白寡不敌众，山海关不可久守。

四月中旬，吴三桂致书多尔衮，"泣血求助"，并言："况流贼所聚金帛子女，不可胜数，义兵一至，皆为所有。"从前的满洲部落，有一个源远流长的传统，屡次进犯辽东，并不攻城略地，而是打一路，抢一路，再返回老巢。等到当地经济恢复，又来抢一轮，如此循环，就像割韭菜。这个民族的秉性，吴三桂非常了解，所以他提出的回报是：金帛子女，皆为所有。

但此时清廷已成气候，绝非当年。况其觊觎大明多时，终究苦于"天下第一关"山海关的阻碍，自天启年间屡次进犯内地，都须长途跋涉,绕道山海关,此时吴总兵欲打开城门,接引清军,如此,清廷可不费一兵一毫便攻破山海关,真真是天赐良机。

昔管仲射桓公中钩,后桓公用之为相,以成霸业。今伯若率众来归,必封以故土,晋以藩王。一则国仇得报,一则身家可保,世世子孙,长享福贵,如山河之永矣。

——多尔衮致书吴三桂

吴三桂以"大利"诱多尔衮,多尔衮反以身家名利劝其投降,还特别引用管仲、齐桓公的典故,试与这位曾经的劲敌一笑泯恩仇:管仲曾为了保护先主,误伤齐桓公,后者不计前嫌,反将其召入麾下,礼遇有加。后管仲助齐桓公平定天下,成中原霸主。

四月十九日,李自成集结数万兵力,再次大举逼近山海关。吴三桂决意归降多尔衮。

两天后,吴三桂开城门,迎清军入关。

大顺军败。

崇祯十七年(1644)农历四月最后一天,李自成纵火紫禁城,继而率残兵西窜。他身后的紫禁城,火光冲天,一片炼狱景象。

未等皇城内余烟熄尽,多尔衮便缓缓登上武英殿,睥睨地上一众降臣,接受他们的朝拜。大明帝都,在被大顺军占领四十二天后，又迎来新主。北京城，连同崇祯皇帝留下的一套完整的政府运转机制，一并为清军接管。

北望之人，不得不承认，绵延二百七十七年的大明国祚，已成往事。北京，一个新时代开启了。

3 聚首弘光

崇祯皇帝自缢，北都失守，清军入关，李自成败走，一个多月中，北京城风云激荡，竟两次易主。而千里之外的留都南京，自接到崇祯帝生前发出的“命天下兵勤王”诏书后，便与北京失联，再未收到邸报。板荡之际，局势骚屑不宁，全国交通、通信全面陷入瘫痪。

进入农历四月，南京各衙大臣越来越被恐慌压顶。

四月初一，南京不愿再等待，兵部尚书史可法领衔发布“号召天下臣民起义勤王捐赀急事”的檄文，宣称“宗社危情”。其时，大顺军与吴三桂部正在山海关对峙。

四月初七，史可法率军渡江，准备北上勤王。其间，关于北京的音讯，点滴传入南京，亦真亦假，有说崇祯帝殉葬大明，有说皇帝与太子皆由暗道逃出生天。直到四月十七日，崇祯自经煤山的消息，才经由北京出逃的一位大学士证实。此时，吴三桂已归降多尔衮，战略部署完毕，四天后，对全国局势乃至历史走向具有决定性意义的山海关战役打响。

北都覆亡，大明只剩半壁江山，留都南京自然成为南明的政治中心。

建文元年（1399）七月初五，明太祖第四子燕王朱棣，率八百亲兵，造了自己侄子建文帝朱允炆的反。篡位成功，燕王朱棣变为永乐皇帝朱棣。为掩盖自己的谋逆之举，永乐时期，官方历史人为消除建文帝年号（后来由万历皇帝恢复），并将高皇帝朱元璋定鼎的大明首都从南京迁到北京。从此，南京成为留都。

岁月荏苒，谁也不承想，二百多年后，朱家子孙会以如此面目再次返回南京。

崇祯十七年（1644）五月十五日，明福王朱由崧即位南京，改元弘光。

六月，弘光朝廷颁旨，起用钱谦益，擢为礼部尚书兼翰林院侍读学士，官正二品。

消息抵至拂水山庄，钱老闻之，大喜过望。阔别朝堂十数载，又值北都沦陷，本以为一腔老血，终究所托无门，只能在南明残山剩水间了此余生。没想到，弘光朝廷到底是没有忘记他这位曾经的东林魁首。

七月，钱谦益打点行装，携夫人柳如是乘坐官船，经苏州，取道大运河北上。

柳如是或已获悉，此次奉召入朝的官员中，还有一位自己的故交——陈子龙。

望江南·感旧

陈子龙

思往事，花月正朦胧。玉燕风斜云鬓上，金猊香尽绣屏中。半醉倚轻红。

何限恨，消息更悠悠。弱柳三眠春梦杳，远山一角晓眉愁。无计问东流。

江南七月，正值盛夏，水面宽阔，两岸草树丰茂。不去想北方兵戎，遍地烽烟，这江南，虽偏安一隅，却也繁花似锦，好似仍在承平之世。站在船头，微风拂面，轻轻搔挠着礼部尚书夫人的脸庞，比起崇祯八年（1635）那个深秋的凛凛江风，温柔太多。

那也是一段水路，从松江至嘉善。柳如是与陈子龙最后一次同舟。她往盛泽归家院，继续她的勾栏岁月，陈子龙则回城内老宅，那里有他的母亲、妻妾、子女，一整个完完全全的家。

陈子龙说：落红如梦，芳郊似海。只有情无底。

柳如是在《别赋》结尾也说：“同在百年之内，共为幽怨之人。事有参商，势有难易。虽知己而必别，纵暂别其必深。冀白首而同归，愿心志之固贞。庶乎延平之剑，有时而合。平原之簪，永永其不失矣。”

虽是表白情势有难易，然自己心意坚贞，但这“坚贞”未尝没有气性，未尝没有怨恨之意，怨到要在誓言里用心志顽守这段感情，以之作为献祭，幽幽指责陈子龙的半途而弃，以令他余生心绪难平。

回到盛泽，柳如是改名，成为现在的柳如是。

《牧斋遗事》有载：弘光僭立，牧翁应召，柳夫人从之。道出丹阳，同车携手，或令柳策蹇驴，而随其后。私语柳曰：“此一幅昭君出塞图也。”邑中遂传钱令柳扮昭君状，炫煌道路。吁！众口固可畏也。

钱氏夫妇行至丹阳，钱谦益为讨好夫人，将柳如是打扮成《昭君出塞图》中昭君二十模样，炫煌道路，招摇过市。国难当头，夫妇俩公然调笑，举止轻佻，自然招来许多非议。此时柳如是不过二十七岁，从苦觅归宿十余年的风尘女子，变身为二品官员夫人，怕是不无炫耀之意。

亡国之痛，也唯有切肤感受，才能真切入骨。柳如是尚需要一些时间去亲身体验。

诉衷情近·添病

柳如是

几番春信，遮得香魂无影。衔来好梦难凭，碎处轻红成阵。任教日暮还添，相思近了，竟被花吹醒。

雨丝零。又早明帘人静。轻轻分付，多个未曾经。画楼心，东风去也，无奈受他，一宵恩幸。愁甚病儿真。

几年前，柳如是归钱谦益，陈子龙因此大病一场。柳如是听闻，也病倒了。

词里，柳如是化用李商隐《无题》，叙写心事，婉转深情。《无题》尾联云：蓬山此去无多路，青鸟殷勤为探看。明知此去无路，也寄望于青鸟传情，到底是放不下。

愁怨，愤恨，思念，放不下，放下，都是辗转心路，都真真的存在过。

第五章——一年弘光

落日淡生烟，　波月影碧灭。
人来花槛里，　酒出板桥边。
杨柳风千树，　笙歌月一船。
十年重对比，　回首各凄然。
——顾梦游《秦淮夕泛》

1 党争

弘光政权既立，当务之急应是确定政治立场，是选择北上讨伐清廷，还是剿灭流贼，继而制定相关战略事宜，齐力收拾残局，但，弘光朝君臣都不做如是想。

生命不止，党争不息，内讧不停。这是有明一代大明臣僚政治手册上的首要原则。崇祯朝时期，本已内忧外患，四面楚歌，一众臣僚们却大搞窝里斗，酣畅淋漓，贻误许多战机，以至崇祯帝遗言将他们斥为误国"奸臣"。现弘光初立，各职能部门的权力归属又引发了角逐，臣僚们继续热烈地窝里斗。

当初，因太子失踪，南明失去了合法的即位者，相关部门筛选出两位候选人，潞王朱常淓和福王朱由崧。东林党支持前者，而凤阳总督马士英领衔的派系拥立后者。终，福王上位，马士英等人在新帝面前自然多了一些情分。

马士英排挤走原兵部尚书史可法，迫其远离朝堂，督师扬州。兵部尚书一职空缺，马士英力荐阮大铖，引起东林人士强烈抗议。

阮大铖，天启年间魏忠贤声势煊赫时曾短暂依附，因而与钱谦益为代表的东林党水火不容。后魏忠贤倒台，阮大铖为求自保，向崇祯帝草拟了两份奏疏，一份讨伐魏党，一份攻击东林。此骑墙行迹败露，举朝大哗，向以“清流”自居的东林党更是视其为小人，耻与同行。阮大铖也因“阴行赞导”之罪被崇祯皇帝列入逆案第三等，永不叙用。

此案算是东林党在崇祯朝的一大胜果，但若马士英、阮大铖联手把持南明朝政，恐有翻案之患，东林党稳不住了，源源派出“正人君子”弹劾马、阮。于是，两派人士循环往复，互相攻讦，斗得津津有味。

陈子龙亦反对阮大铖出任兵部尚书，甚至亲自拜访马士英，劝其撤销提案。陈子龙的反对理由清醒直接：阮大铖作为一个敏感人物，他的任命，务必引发党争，继而是南明朝廷无止境的内耗。现如今国破如此，本该是君臣齐心、一致对外的时候，而不是互相拆台。

陈子龙是对的。随着阮大铖出任兵部尚书，除去那些愤然辞职的“正义人士”，尚在朝堂的臣僚，要么更津津有味地继续攻击马、阮，要么重新站队。

此际，礼部尚书钱谦益做了一个颇具争议的选择。他加入了马、阮阵营。

钱谦益向弘光帝上疏《矢愚忠以裨中兴疏》，为马士英吹捧，将马士英比作大明军功显赫的大将孙承宗："臣观三十多年来，文臣出镇专征，鲜不覆败。其绰有成算，克奏肤功者，孙承宗之后，马士英一人耳。"又为阮大铖说了一斗好话："钦定逆案诸臣，未免轩轾有心，上下在手。故出故入，往往而有。陛下既以赞导无据，拔阮大铖用之矣。"

东林魁首公然倒戈阉党，不论当时以"正直"标榜的朝臣，还是后来为东林站台的历史研究者，均非常不齿钱谦益的行径。

钱老多年来悉心经营的政治清望，算是一朝崩溃了。说起来，这其中实实在在是有一份柳如是的功劳的。

尽管在大明王朝的仕宦生涯三十五载，连番挫败，统共在朝时间不过三年，钱谦益终究是"贼心"不死。大明亡国前夕，钱老先向崇祯帝上书《请调用闽帅议》，再上《向言》三十首，提出种种施政韬略，又利用自己的声望、关系网，多方联络诸多权势人物，比如郑成功之父郑芝龙、宁南侯左良玉、凤阳总督马士英等等，期冀借他们之力复出，为力挽狂涛尽一份责。史传，崇祯帝竟也动了心，起了任用之意，只是这心思刚动没几天，李自成就攻进了北京城，不仅逼死了大明皇帝，也彻底葬送了钱谦益的仕途美梦。

当得知自己即将出任弘光朝的礼部尚书时，钱老几近湮灭的"贼心"，又熊熊沸腾起来。尽管朝廷现今偏安南京，南京却也是大明王朝的龙兴之地，打回原形的悲剧，也可是卷土重来的契机。钱老亦将此比作“汉家光武天潢近”，只要宗室尚存，又有“江左夷吾命世才”等将才辅佐，光复大明，指日可待。

此番入弘光朝，既是死而复生的意外惊喜，桑榆晚照之年的钱老也着实明白，这真真切切是他仕宦生涯最后一次机缘了。也因了是最后一次，也就比以往任何时候都想要紧紧抓住。

但作为大明官员，“结党”是其基本素养，门户之见乃其思维定式，统率东林多年，钱谦益一举一动，早已贴上东林党的标签，而此时却能一反常态，“媚附”他从前一只眼也瞧不上的所谓阉党，细细思量，除了他为自己“贼心”所做的妥协，思维关隘终于疏通，只能缘于来自江湖、无门无户的柳如是对他产生的影响。

国难当头，门户都被敌人拆了，还守着门户之见，岂不十分可笑？既然阮大铖出任兵部尚书已成事实，不论东林还是阉党，放下争论、齐力救国才是当前要务。

道中寄钱牧斋先生

顾云美

赌棋墅外云方紫，煨芋炉边火正红。

身是长城能障北，时遭飞语久居东。

千秋著述欧阳子，一字权衡富郑公。
莫说当年南渡事，夫人亲自鼓军中。

数年后，明遗民顾云美在给钱老的信札中，回顾了柳如是受阮大铖之邀，巡视边防之事：莫说当年南渡事，夫人亲自鼓军中。

南宋梁红玉无疑是柳如是的精神偶像，数百年前，梁红玉擂鼓军营，为众将士助威，数百年后，柳如是模仿自己的偶像，一身戎装，登临燕子矶，与兵部尚书阮大铖一同誓师江上。此举尽管有些戏剧性，总也好过朝堂那群斗来斗去的尸位素餐者。

其时，兵科给事中陈子龙获悉柳夫人的行动，不知会做何感想。他该是倍觉安慰的，柳如是虽已贵为二品官员夫人，也仍是他认识的那位动辄“天下兴亡，匹妇有责”的杨朝云。

犹记当年南园雅集，柳如是一身儒服，与几社诸子品评天下，当仁不让，颇有男儿风范……那真是一段好时光，国未破，佳人亦在身畔。

2 离散

面对清廷，到底是北伐还是议和，弘光朝的军事主张分为两派。

第一派，以史可法为首的保守派。史可法认为，“从来守江南者必战于江北”（谢国桢《南明史略》），意即赞成偏安南京，主张议和，并上书弘光帝，建议派使臣北上。

第二派，以陈子龙为首的激进派。陈子龙等拒绝株守江南，主张北伐。陈子龙上书：“今者人情泄沓，不异升平，从无有哭神州之陆沉，念中原之榛莽者。臣瞻拜诸陵，依依北望，不知十二陵尚能无恙否。而先帝、先后之梓宫何在？”其时，先帝自裁殉葬大明的悲怆，许多人心中尚留有深刻印象，陈子龙建议乘时利用民众对先帝的怀念之情，招募义勇，训练新军，若此时机丧失，“臣恐天下知朝廷不足恃，不折而归敌，则豪杰皆有自王之心矣”。（陈子龙《陈忠裕全集》）

陈子龙又在弘光元年（1644）九月再次上书，提出诸多具体主张，如建议从南京两万驻军中，精选一万人，组成三支三千人的标兵和一千人的侦察队，又建议从江南平民中招募四万新兵，每一百人为一队，组成宝塔式编制，由一名大将统一指挥……以此为基，稳定华中和华南的局势，再步步为营，渐次扩大战场，直至北上收复失地。

但朝中像陈子龙这般的主战者寥寥。其时，南京巡抚左懋第已经奉命北上，寻求与清廷议和。而弘光帝本尊，此时的心思既不在议和，也不在主战。

福王朱由崧入南京时，谈迁《枣林杂俎》载：“初，迁闻王谒陵，出朝阳门外，万众伏候。见王乘辇，角巾半污旧，手摇白竹扇，有陇亩风。窃心幸之。不料淫佚败度，为怀愍之续也。”初时为难民，看起来颇为憨厚，一朝登上大位，角色立时切换，变成酗酒好色的享乐皇帝。

弘光帝即位第一要紧事，便是以“大婚”名义，派内监在南京、苏州、杭州等地搜罗“淑女”。太监借此发财，江南一带乌烟瘴气，人心惶惶。陈子龙愤然，为此上疏道：“昨忽闻有收选宫人之举，中使四出，搜门索苍，凡有女之家不问愿否，黄纸帖额即舁之而去，以致闾井骚然，人情骇然，甚非细故也……今未见明旨，未经有司，而中使私自搜采，不论名家下户，有夫无夫，畀以微价，挟持登舆，宜小民之汹汹也。”（陈子龙《兵垣奏议》）

那弘光朝群臣在忙什么呢？忙着鉴定弘光帝血统的真伪。

弘光政权才成立没几天，南京城便相继出现了三个搞事的人。

先是一个叫大悲的和尚。和尚自称乃崇祯皇帝御封的吴王，值兵乱之际才被迫出家。这位大明亲王宣称“潞王恩施百姓，人人服之，该与他坐正位”。（计六奇《明季南略》）明言皇帝位置该由潞王来坐，福王朱由崧应该靠边站。后经严刑审问，大家伙儿确定这位亲王是个冒牌货，便拖出去砍了。

但接着，又来了一个人，一个少年，有人称他是崇祯皇帝长子朱慈烺，也即正儿八经的东宫太子。如果他真是太子，弘光帝该怎么办？照例，弘光朝君臣们忙得四脚朝天，经过一番辩论、各种打探查证，最后确认这个太子也系伪造。但经由大悲和尚和伪太子这一闹腾，弘光帝的合法性已经不牢靠了，君臣们都有点坐不住了。

别急，还有一个人。这次是一个姓童的女人。童氏自称是福王继妃，并自述与福王的渊源："年三十六岁。十七岁入宫，册封为曹内监。时有东宫黄氏，西宫李氏。李生子玉哥，寇乱不知所在。氏于崇祯十四年生一子，曰金哥，啮臂为记，今在宁家庄……"（李清《三垣笔记》）。循例，弘光君臣们又大动干戈地查证了一回，最后证明这个童氏也是胡说八道。顾诚先生就此评论道："就案件本身而言，无论童氏是冒充，是误认，还是与朱由崧有过一段旧情，都不应该成为南明政局的重点。"

可在当时，这一连串事件确实是南明政局的重点。福王连同他的拥立者们，忙着自证血统的纯正，而潞王的拥护者们，此时若不是继续暗地里搞破坏，也是在忙着看热闹。

陈子龙对弘光朝廷不抱希望了，决意离开。

弘光政权建立后，在朝仅仅五十天，陈子龙离开南京，返回松江。

满庭芳·和少游送别

陈子龙

紫燕翻风，青梅带雨，共寻芳草啼痕。明知此会，不得久殷勤。约略别离时候，绿杨外，多少销魂。才提起，泪盈红袖，未说两三分。

纷纷，从去后，瘦憎玉镜，宽损罗裙。念飘零何处，烟水相闻。欲梦故人憔悴，依稀只隔楚山云。无过是，怨花伤柳，一样怕黄昏。

这首词填于当年与柳如是嘉善诀别后。陈子龙痛不欲生，数次病倒，真真是“才提起，泪盈红袖，未说两三分”。如今，弘光聚首，柳如是尽管已为人妻，也仍在同一座城市，同一片屋檐下。乱世之中，国破之际，仍能获悉对方安全、安好，不啻为上苍的赐福。

三年后，两人皆会明白，此番弘光聚首，是他们最后一次见面。当陈子龙自沉那一刻，若想起这次相聚，是否会遗憾此时离开得太匆忙呢？只是山河破碎至此，儿女情长想来都成奢侈。

欲梦故人憔悴，依稀只隔楚山云。

3 南都破

清廷拒绝议和，并摇身一变，以正义之师的身份，占据舆论阵地，发布檄谕，讨伐弘光：尔南方诸臣当明国崇祯皇帝遭流贼之难，陵阙焚毁，国破家亡，不遣一兵，不发一矢，如鼠藏穴，其罪一。及我兵进剿，流贼西奔，尔南方尚未知京师确信，又无遗诏，擅立福王，其罪二。流贼为尔大仇，不思征讨，而诸将各自拥众，扰害良民，自生反侧，以启兵端，其罪三。惟此三罪，天下所共愤，王法所不赦。用是恭承天命，爰整六师，问罪征讨……（《清世祖实录》卷十）

保守派史可法也不得不备战了，他上疏道："今合议不成，惟有言战。"（《史可法集》卷二）但弘光朝内部爆发的两次兵变，使本就一盘散沙的政权加速崩塌。

弘光元年（1645）年初，史可法派高杰领军北上。高杰率部抵达睢州时，镇守该地的河南总兵许定国设下埋伏，将高杰及其部属诛杀，然后率军投清。此次北上，是弘光朝廷唯一一次主动推进的军事行动，却被自己人以迅雷不及掩耳之势阉割了。

左良玉，崇祯朝崛起的军阀，坐镇武昌，拥兵自重，品性骄横。左良玉为潞王的拥护者，与弘光朝素有嫌隙，特别与阮大铖、马士英之流几近水火。此时便借伪太子事件，以清君侧为名，发兵东下，进袭南京，“这支由职业军人、强盗和冒险者组成的庞大而野蛮的军队正劫掠江南以餍私欲，此种情势把南京朝廷抛进一片恐慌之中”。（美·魏斐德《洪业：清朝开国史》）

就在弘光朝君臣热热闹闹搞内讧的时候，清军集中兵力，打垮了大顺军，占领了陕西，现在终于可以腾出手来对付南明朝廷了。

弘光二年（1645）三月，清廷兵分三路，围攻南明朝廷。

中路，由多铎率领，从陕西出潼关，经洛阳进商丘，再进泗州、扬州，攻南京；西路，由英亲王阿济格率领，由陕西商洛、河南邓州，入湖北襄阳、荆州、武昌等，最后与多铎会师安徽；东路，由原驻山东的固山额真准塔率领，南下徐州，进袭宿迁、淮安、兴化、通州、如皋以及长江以北滨海地区。

四月十七日，清军进至扬州城二十余里处扎营，兵临城下。二十一日，总兵张天禄、张天福率部投降，二十二日，前来勤王的甘肃总兵李栖凤、监军道高歧凤率部出城降清……几天下来，大大小小一众武将均望风归降。

多铎遣使招降史可法，史可法坚拒。史可法绝笔：

恭候太太、杨太太、夫人万安。北兵于十八日围扬城，至今尚未攻打，然人心已去，收拾不来。法早晚必死，不知夫人肯随我去否？如此世界，生亦无益，不如早早决断也。……书至此，肝肠寸断矣。四月二十一日法寄。

二十四日夜间，多铎奉命炮轰扬州城墙。

二十五日，扬州陷落。史可法被俘，遇害。清军下令屠城十日。此际，弘光朝防线彻底崩溃，南京完全暴露在清军面前。

五月初五，清军抵达长江北岸，初九，占领镇江。初十凌晨，弘光帝领一众君臣弃城出逃。十五日，清军进至南京城外，南京留守官员开城门，出迎于郊。

《明史》载："五月，南都破，百官迎降。"

南明弘光政权历时一年，亡。

数百年前，一场百年不遇的旱蝗之灾害死了朱元璋的父母，迫得少年明太祖远走他乡，流徙各地。数百年后，连年的旱涝灾害迫得饥民蜂起，由良民变匪盗，逐年蚕食，终于蛀空了明王朝。人道自然无常，天意难测。然而，纵偶有变故，自然或天意，才又是最稳定的。春夏秋冬，循环往复，不悲亦不喜。日升日落，月圆月缺，阴晴皆有定时。不论人世杀伐、屠戮，改朝换代，天地依然以自己的节奏，流转不息。

三百七十余年前的江南五月，清军数度屠城，尸首如山，血光冲天。这一幕幕惨剧上演的江南，沦为人间地狱，却也正值四季之中最美的时节。杂花生树，群莺乱飞。头颅、尸身、残肢掩映于绿荫、花草之中，求救声、嘶喊声飘荡在南方五月明丽的天空。那明丽，或因有了血光的映衬更显浓艳，又多了别样的残酡。

四时流转，由春入夏，夏去秋来，秋收冬藏，皆有去处，皆能稳稳落住，而 1645 年的大明子民，虽立于浩瀚天地间，却发现自己已穷途末路。改朝换代，历史的十字路口，留给人们选择的空间异常狭窄。

这一年，柳如是二十八岁。

《牧斋遗事》载：乙酉五月，柳夫人劝牧斋曰："是宜取义全大节，以副盛名。"牧斋有难色，柳奋身欲入池中，持之不得入。

钱谦益降清。

钱老留下了数年后他很想穿越回去焚毁的礼单：

太子太保礼部尚书兼翰林院学士臣钱谦益百拜叩首谨启上贡

计开鎏金壶一具　法琅银壶一具　蟠龙玉杯一进　宋制玉杯一进　天鹿犀杯一进　夔龙犀杯一进　葵花犀杯一进　芙蓉犀杯一进　珐琅鼎杯一进　文玉鼎杯一进　珐琅鹤杯一对　银镶鹤杯一对　宣德宫扇十柄　真金川扇十柄　弋阳金扇十柄

戈奇金扇十柄　百子宫扇十柄　真金杭扇十柄　真金苏扇四十柄　银镶象箸十双

顺治二年五月二十六日太子太保礼部尚书兼翰林院学士臣钱谦益

第六章 —— 1645年的抉择

江潭愁鼓枻，沧海忆乘桴。
此处同携手，何人可借躯。
乱离忘岁月，漂泊憎妻孥。
莫作穷途恸，乾坤定有无？

——陈子龙《陈忠裕全集》

1 郑成功的抉择

有人选择降清，也有人选择战斗。钱谦益称他为“大木”。

弘光朝组建不久，二十二岁的郑成功入南京国子监，拜于钱谦益门下。风雨如晦的弘光朝廷，每个人脸上都仿佛笼罩着一种末世情绪，因此当少年郑成功出现在钱谦益面前，钱老眼睛一亮。这位南安伯郑芝龙的世子，玉树临风，神采俊爽，全无末世阴霾，钱老不由得心生欢喜，赞他“声调清越，不染俗气。少年得此，诚天才也”。钱老为自己心爱的弟子取了一个名字：大木。

当大木由父亲引荐给隆武帝时，隆武帝朱聿键也对这位少年颇为赏识，深憾自己没有女儿可以许配。为弥补这一遗憾，隆武帝准其“以驸马体统行事”，赐国姓朱，赐名成功。因之这位历史上赫赫有名的少年，有一个叫“大木”的小名，一度也叫“朱成功”。

弘光元年（1645）五月，南京弘光政权灭亡后，福王、潞王相继被俘、被杀。然，神器不可久旷，纵然此时“神器”支离破碎，连小半壁江山都无法拥有，但只要明宗室血脉尚存，总有志士前赴后继。自这年六月起，各地相继出现多派复明势力，其中最为突出的，是唐藩朱聿键领衔的隆武政权，被公认为南明第二个政权。

唐藩朱聿键，为朱元璋第二十三子朱桱的八代孙。闰六月二十七日，在东南军阀郑芝龙的拥戴下，朱聿键在福建登基称帝，史称隆武帝。这位皇子少时多劫，性素简，临危受命，以光复大明为己任，在南明林立的多个政权首脑中，最受时人敬重：“今上不饮酒，精吏事，洞达古今，想亦高、光而下之所未见也。”（黄道周《与杨伯祥书》）史家孟森先生也称：“隆武之为君，胜于弘光者不可以道里计。”

因之，在隆武帝的感召下，那个叫大木的少年人，弃文从武，开始了他十八年的复明大业。

1645 年那个秋天，钱谦益与郑成功分道扬镳。师父北上，学生南下。

2 陈子龙的抉择

有人选择妥协，有人选择战斗，也有人从未放弃过战斗。

两年后，当陈子龙自溺江中，缓缓丧失意识的那些许时间里，如若还来得及回望自己一生，想起柳如是这根深深扎在内心、时时抽搐疼痛的尖刺，不知他是否也会对自己的抉择产生困惑。

当年，虽说家中长辈施加巨大压力，迫他放弃柳如是，其实也未尝不是他自己的选择。他选择妥协，一如后来钱谦益选择顶住天下士人的嘲弄迎娶柳如是。而另一方面，陈子龙入职弘光朝，虽只是一个小小的七品兵部给事中，却从未因职位低下而放弃进谏。而在朝堂普遍的赞成妥协的默许中，他的军事对抗主张却强硬无比，亦片刻不能容忍任何的折中或议和。他冒着触怒龙颜的危险，屡屡上书，措辞严厉，毫不退让。待终于明白弘光君臣无意北伐之后，他果断选择离开，独自战斗……

电光石火般一波接一波的剧变中，他或许从未能停下脚步去细想这两者的关联：他放手自己此生最爱的女人，而对大明江山，一寸土地的分裂他也坚决不同意，即使只有他一个人，他也会战斗到底。

1644 年十月，陈子龙离开弘光朝廷返回松江后，立即联络几社友人，包括著名画家李待问、明末义士夏允彝等，以此为基本，发动组织了一股反清力量。不论艺术家、江南乡绅还是前明官员，只要有心复明，均在陈子龙招募之列。他又在民间募招义勇，募饷募粮，四方联络、动员，积极筹备军事行动。

弘光元年（1645）秋，弘光政权灭亡不久，陈子龙领衔的复明义士，高举明太祖画像，发动起义。此次军事行动，史称“松江起义”，计划“进攻徐州，切断那里的清军营部与当时在苏州威胁着鲁王政权的满汉军队的联系。陈子龙还想与崇明岛上的明军水军取得联系，这支水军当时是，而且很久都是江南抵抗力量的主要依靠之一”。（《洪业：清朝开国史》）

然而，“松江起义”亦有先天不足。陈子龙乃士子出身，从未有领兵打仗的经验，多方谋略，理论居多；再，此股反清力量系民间临时招募而来，时间仓促，训练不足，缺乏战斗力，内部又难于统一，种种因素掣肘，注定难以成事。而相较之下，清廷方面派出的是悍将李成栋，其麾下数万军队皆训练有素，实战经验丰富，两方交战，松江义士的溃败，已成必然。

九月，李成栋率部攻破松江城，大批义士阵亡，松江百姓惨遭屠戮。李侍问在与敌人的肉搏中遇害，夏允彝自尽。陈子龙死里逃生。在后来的回忆录中，陈子龙写道：“三日，城陷。予于西郊遇兵，几不免。携家走昆山。四日与夏考功别。自此，遂永诀矣。大母以病留昆山，予走金泽，未几，走陶庄……”

大母在，不敢轻言生死，不敢让九十岁的老人经历白发人哭黑发人的伤恸。此际，陈子龙为逃避通缉，扮成和尚，四处流亡，直至祖母亡故，人间再无挂碍……

3 柳如是的抉择

1645 年，有人选择妥协，有人选择战斗，也有人，选择留守大明。

弘光元年（1645）秋，清廷班师返京。循例，一众降臣当随清北迁，入京供职。

钱谦益被清廷任命为内秘书院学士兼礼部侍郎，充修明史副总裁。北上赴任，行程已定。钱老自是踌躇满志，亦希望携夫人同行，共享新朝繁华。

然而，柳如是拒绝随行。不仅如此，她亦试图对钱谦益做最后的挽留。

素瑟清樽迥不愁，柂楼云雾似妆楼。
夫君本志期安桨，贱妾宁辞学归舟。
烛下乌笼看拂枕，风前鹦鹉唤梳头。
可怜明月三五夜，度曲吹箫向碧流。

在诗里，柳如是畅想了一幅充满诗意的隐居生活图景，甚至可说是“只羡鸳鸯不羡仙”的美好。改朝换代，大势已定，非人力所能挽回，就此回归故里，隐居林下，专修学问，不问世事，作为前朝遗民，不啻为一种无愧于心的归宿。

值得细思的是，此诗既为柳如是劝退丈夫之作，当然会悉心勾勒家居生活，但从柳如是在这首诗中流露的情绪，或也可推测，此际，柳如是身为女子，到底一心只念归隐，为大明守节，并未想到武力抗清。只是数月之后，当陈子龙及当年南园友人们遭遇迫害的讯息抵常熟，在心底掀起狂澜，才终于激发、坚定了她散尽家财支持复明的信念。

咏同心兰四绝句（之一）

钱谦益

并头容易共心难，香草真当目以兰。
不似西陵凡草木，漫将啼眼引郎看。

老骥伏枥，当真是“贼心不死”，而此次机会，是钱谦益用自己大半生的清望换取的，怎可半途而废，为儿女情长绊住？柳如是坚拒随行，钱老自是黯然，然而，失节已成事实，开弓再无回头箭，除了北上，他亦别无选择。

钱谦益用《咏同心兰四绝句》与妻诀别。首句“并头容易共心难”，或隐有对柳如是的怨尤。然而钱老亦是通透的，他虽恋栈权位，是非对错其实心如明镜，也自是感佩柳如是不慕繁华的决绝。

“西陵凡草木”，喻齐钱塘名妓苏小小，“啼眼”引李贺《苏小小墓》中句“幽兰露，如啼眼”。尾联中，钱老将柳如是与苏小小并提，更说虽出身相似，苏小小却远不可与自己夫人同日而语……

已然不是同路人，只能分道扬镳。1645 年的那个秋天，钱谦益北上，柳如是留寓南京。

第七章

题顾横波所写墨兰册页十首

丙戌三月既望，偶检阅顾夫人所写墨兰一叶，清妍秀润，绰约有林下风，真堪什袭藏也。率题数绝，以识景仰。

——柳如是自跋

其一

兴来泼墨满吟笺，半是张颠半米颠。

俗眼迷离浑不辨，嗤它持作画图看。

其二

暂向幽芳一写真，笔花飞落墨痕新。

总然冷淡难随俗，岩谷而今有几人？

张颠，唐人张旭，性嗜酒，喜狂草，每醉，泼墨而书，世呼张颠。米颠，即米芾，精于书画，为人豪纵，人称米颠。

梅兰竹菊，人称“四君子”，梅傲，兰幽，竹雅，菊隐。此二诗谓适逢鼎革之际，既无力回天，当学空谷幽兰，洁身自爱，以全遗民之志。

柳如是留居南京，遇旧友顾横波。曾几何时，柳、顾都是名冠江南的才姝，为“秦淮八艳”中的佼佼者，又各自觅得良缘，顾横波与龚鼎孳的浪漫传奇，丝毫不亚于钱、柳。本是妥妥的人生赢家，画风却突然切换，换代之际，钱谦益与龚鼎孳皆自愿北上仕清，名士佳人，突成贰臣佳人，心中羞惭可想而知。既无法左右夫君的抉择，柳、顾两人心中的块垒，想来也只有借墨兰、题诗来述说了。

其三

读罢《离骚》酒一壶，残灯照影夜孤枕。

看来如梦复如幻，未审此身得似无。

其四

眼界空华假复真，花花叶叶净无尘。

千秋《琴操》犹余调，半是骚人现化身。

《离骚》曾咏九畹之兰，“余既滋兰之九畹兮，又树蕙之百亩。畦留夷与揭车兮，杂杜衡与芳芷。”然山河破碎，故国不复，兰已无土可依，唯有寄身纸上。

“如梦复如幻”“空华”“净无尘”皆从佛家语化用而来，从中可窥见柳如是此时的心迹，即亲近宗教，希望从中获得安慰，或说解脱。数年后，明朝宗室最后一个政权永历政权灭亡，郑成功又病逝台湾，复明彻底无望后，柳如是入道，算是彻底解脱了。

《遵生八笺》云：一切诸有，如梦如幻。

其五

翻风解作《前溪舞》，泣露犹闻《子夜歌》。
一片幽怀谁领略，托根无地奈渠何。

其六

不共青芝石上栽，肯容荆棘与莓苔。
根苗净洗无尘土，好待东风送雨来。

其七

泣露啼烟三两枝，写来真作断肠辞。
怀香老去凭谁惜，独抱奇姿只自知。

“翻风解作《前溪舞》，泣露犹闻《子夜歌》。”化用李商隐《离思》：“气尽前溪舞，心酸子夜歌。”前溪舞和子夜歌为东晋舞、曲，舞缠绵，曲哀婉，流传数百年，后人多咏之。

“托根无地”，引郑思肖典故，南宋亡灭，郑思肖隐居陋室，不与北人交。郑擅作墨兰图，宋亡后，画兰均无土无根，谓国土沦丧于异族，无从扎根。柳如是引其为知己，“怀香老去凭谁惜”句便是化用郑思肖诗句：“抱香怀古意，恋国忆前身”。

郑思肖谓：“大宋不以有疆土而存，不以无疆土而亡”，柳如是亦有“不共青芝石上栽，肯容荆棘与莓苔”的气节，亦怀抱生生不灭的复明希望。以后十多年中，柳如是散尽家财，资助复明志士，便也因为她一直期冀“好待东风送雨来”。

其八

闲评争说所南翁，向后人文半已空。
莫讶豪偷花叶减，怕它笔墨恼春风。

其九

晚窗梦醒系相思，静对潇湘九畹姿。
世眼大都看色相，枝头何不点燕支？

其十

懒踏长安九陌尘，独怜空谷十分春。
毫端画破虚空界，想见临池妙入神。

燕支，即胭脂，引燕脂坡典故。燕脂坡原为汉代长安妓坊，此处用此典，暗示了作画者顾横波的身份。“枝头”化用郑思肖诗句“宁可枝头抱香死，何曾吹落北风中”。柳如是将

“枝头”与“燕支”并置，是饶有意味的。

这组绝句，前面数阕所引，皆为历代品质高洁的遗民代表。而此诗里，“宁可枝头抱香死”的遗民，却是顾横波和柳如是这般不容于世俗的女性。“懒踏长安九陌尘，独怜空谷十分春”谓拒绝随夫北上之事，纵京师万千繁华，宁守空谷十分春。柳如是，史称“侠姝”，在此处更可见她风骨：虽出身风尘，却从不肯低进尘埃里。

《题顾横波所写墨兰册页十首》的独特性，一如《柳如是》诗词编著者李圣华所言：“历史上的改朝换代寻常见，孤节遗民也不少，然女遗民不多见。这组绝句藻灌了一代才女的遗民精神气节，承载着清初女遗民的心史，值得大书一笔。”

第八章 — 隆武之殇

满目山川极望哀，周原禾黍重徘徊。
丹枫锦树三秋丽，白雁黄云万里来。
夜雨荆榛连茂苑，夕阳麋鹿下胥台。
振衣独上要离墓，痛哭新亭一举杯。

——陈子龙《秋日杂感客吴中》

1 隆武帝最后的御驾亲征

福建，因其地理位置所限，战略地位略显复杂，隆武朝很难与福建境外互通有无。因此隆武帝即位仅十天后，遂决意以“出关亲征”的方式“迁都”。

隆武帝敕谕臣民：“朕今痛念祖陵，痛惜百姓。狂彝污我宗庙，害我子民，淫掠剃头，如在水火。朕今诛清使、旌忠臣外，誓择于八月十八日午时，朕亲统御营中军平彝侯郑芝龙、御营左先锋定清侯郑鸿逵，统率六师，御驾亲征!”

当时有一个最优选择——江西赣州。隆武帝的“目的是第一步把行在移到江西赣州，然后视情况而定，如果江西用兵得手，局势稳定，可以西连湖南何腾蛟部，东接福建郑芝龙部，南靠广东，收就近指挥之效。即便江西作战不力，还可以西移湖南，南下广东”。(顾城《南明史》)

满朝文武望过去,坚决支持皇帝亲征的,唯大学士黄道周而已。但以黄道周为首的文官集团和以郑芝龙为首的武官集团,此时亦是水火不容,没有兵戎相见就已经不错了,哪里谈得上合作。

隆武朝廷，南明第二个政权，虽偏安福建，仍完整遗传了大明王朝朝臣拉帮结派、互相攻讦的基因。这一次，是文官集团与武官集团互相看不上。

比如某次隆武帝宴请大臣，黄道周和郑芝龙两人就谁应居“上座”，发生了剧烈的争执。黄道周学富五车，于天启、崇祯二朝执掌东林，又曾在东南各书院讲学授业，可说不论在朝野，都素有名望，舌战一介武夫自然难不倒他。黄道周引经据典，果然片刻工夫，驳得郑芝龙哑口无言，一顿饭也吃得不欢而散……如此种种，每有御前召对，黄道周为首的文官集团，总胜一筹。

但郑芝龙亦有自己的优势，那便是拳头。乱世之中，不论有怎样舌战群儒的本事，拳头还是更厉害一些。海盗出身的郑芝龙原就没有什么“忠君”之念，当年接受明政府招抚，由参将升至总兵官，最后至弘光朝的南安伯，不过是借官方身份，清除自己的竞争势力，垄断海上生意。

扶持隆武帝在福建登基，于郑芝龙及其族兄而言，不过也是生意，一笔大买卖。首先，作为定策勋臣，自然军功第一，隆武帝都要给他三分薄面，这不，隆武帝一上任，便加封他为平彝侯。其次，将隆武帝挟制在自己羽翼下，那便是又一出挟天子以令诸侯的戏份了，在郑芝龙与其他军阀的割据中，隆武帝是一枚好棋子。

因此，郑芝龙是断难支持隆武帝冒险亲征的。隆武帝纵有千万计划，只能胎死腹中。

眼见得隆武帝亲征无望,隆武元年(1645)九月,书生意气的黄道周绕开兵部和后勤,带着一支好不容易组织起来的杂牌军和当地缙绅捐赠的几千两银子离开福建,溯江而上,欲为隆武帝探路。临行前,黄道周言:“臣只手赤身,无大兵重饷。又以迂阔,为此间巧佞所轻,维陛下宽其前途,宏其刚愎,同此如水臆,共此文章灵,臣诵之起舞,感叹再四也。”(《黄漳浦文选》)

从未有过作战经验的黄道周，此举殉道而已，史学家魏斐德亦将他此次军事行动称为“对江西的倒霉的袭击”。黄道周于次年年初抵江西婺源，中途屡经浩劫，残部只一千余人。婺源一役中，面对训练有素的清军，黄道部根本不堪一击。二月初，黄道周被俘，被押至南京。四月遇害。

或有感于大学士黄道周舍生取义的壮举，隆武帝再次强挣，要求亲征，这一愿望在隆武二年（1646）三月局部实现，但也仅在福建省内的建宁和延平迁延观望一番。隆武帝亦数次命郑氏兄弟兵出福建，郑芝龙略做敷衍，派永胜伯郑彩出征杉关，以支援江西建昌的明军。郑彩倒是领兵出征了，但一到杉关就歇下了……

隆武朝如此困守、延挨，清军却是以雷霆之势一路扫荡而来。隆武二年（1646）七月中旬，清军渡过钱塘江，直奔福建，沿途抵抗势力或败或降。邸报连连传来，福建已经朝不保夕。九月，当清军挺进自古便有“两浙之锁钥，入闽之咽喉”之称的仙霞关，郑氏兄弟终于默许了隆武帝的亲征。隆武帝启动了他筹谋许久的“赣州亲征”。

其时，一直被蒙在鼓里的隆武帝并不真知局势的凶险，亲征队伍浩浩荡荡，隆武帝酷爱阅读，单书就运载了数千卷。十月，亲征队伍行至汀州，为清军一支先头部队阻截。

隆武二年（1646）十月，隆武帝遇难。

隆武政权历时一年余，亡。

2 钱牧斋引疾南归

顾苓《河东君小传》载：“是秋宗伯北行，君留白下。宗伯寻谢病归。”

其时为隆武二年（1646）六月。史传钱老引疾南归，乃前与柳如是的约定，意即程先贞在《海右陈人集》中所推测的，柳如是“与牧斋约定，早日引疾南归，本人即在德州相候，以坚其归志”。

但不论是夫妻俩的商约，还是钱谦益北上之后发现景况不如己意，才被迫乞假南归，钱谦益此番带着修撰明史的雄心入清廷供职这一点，让人觉得颇为好气好笑。

其实，1645 年秋的时局是十分明朗的。

放眼望去，清廷较为稳定控制的地域，也仅有北方，整个东南和华南地区，俨然一锅沸腾的粥。多个南明政权林立，义军蜂起，隔三岔五就会有反抗剃头令的暴动暴乱，东南沿海郑成功的海上军团势力正在崛起之中，清军内部时不时发生降将复叛的内讧……情势如此胶着之际，清廷尚无余暇去修什么明史，再退一步，纵使有，多尔衮怎会将这么重要的任务交给一个“贰臣”。清廷接管降臣，原本就是做个样子而已，根本谈不上有多信任。因此，钱谦益的秘书院学士的职务一开始便注定只是个闲职，一个陪衬。

如此分明的时局，钱老却不顾柳如是的竭力劝阻，硬要北上闯他一闯。回首钱老十数载的仕宦生涯，这也不是他第一次这般天真了。若用一句话总结钱老的政治人生，那便是：终其一生，每一次他都能稳稳地掉进别人给他挖的坑里。

史传，钱谦益尚在回常熟途中，便获知柳如是因与一郑姓男子通奸，被其子钱孙爱告发县衙，现柳如是与这位男子已被收押下狱。

不论此次“通奸”事体是否真实，可以非常确定的是，钱家老幼一定会趁钱谦益不在，千方百计置柳如是于死地。钱谦益千般万般宠溺柳如是，整个家族皆看在眼里，而自柳如是来归，钱家经济大权亦落于她手。在钱氏族人看来，柳如是无非就是迷昏了钱谦益那双老眼的狐狸精。除妖降魔，替天行道，是钱家老小共同的目标。

作为男人，钱谦益内心必定如油煎如火烹如刀剐，但，他又一次显示了他在柳如是人生中扮演的“宠妻狂魔”的角色。

后秋兴八首（其五）

钱谦益

水击风抟山外山，前期语尽一杯间。
五更噩梦飞金镜，千叠愁心锁玉关。
人以苍蝇污白璧，天教市虎试朱颜。
衣朱曳绮留都女，羞杀当年翟茀班。

首联、颔联中，钱谦益回顾了北上数月中，对柳如是的异地思念。腹联笔锋一转，他斩钉截铁地对这件轰动常熟的通奸“绯闻”定了基调，那便是：纵然人言汹汹、众口铄金，在他钱谦益的眼里，那些好事者不过是玷污柳如是“白璧”“朱颜”的“苍蝇”。尾联中，钱老再度夸赞了柳如是坚拒北上、留守金陵的气节。

尽管这对白首红颜年龄相差三十余岁，但不论从哪个层面看，他们之间都是一段非常成熟的感情。钱谦益自不必说，年过六十，宦海沉浮，世间冷暖早已看透，柳如是此时虽未足三十岁，但亦已饱经人世沧桑。他们懂得人生的艰难与无常。人有贪念，便有行动，行动亦会导致进退失据的可能。从一而终从来都是奇迹。他们懂得这贪念，也明白一时失守后的窘迫。他们互相留有慈悲之念。薄情之世，也有深情。

这又是这对夫妻的神妙之处。终其一生，虽然钱谦益年长柳如是许多，但柳如是丰富经历铸就的见识却略胜钱老一筹。在气节上，在大是大非上，钱谦益感佩甚至仰赖柳如是为多，不管是在弘光朝柳如是撮合钱老与“阉党”冰释前嫌，还是后来资助抗清义士……

但同时，在俗世生活中，在与“苍蝇”共处的同一时空中，无根无基的孤女柳如是又脆弱无比，随时就能被流言、被权力打倒，不管是当年松江官差受人指使欲以“流妓”之名将柳如是驱赶，还是此次通奸风波。钱谦益一生纵然大节有亏，但他实实在在是柳如是在这个世界唯一的庇护。

钱谦益与柳如是自结缡，夫妻俩只有过两度重要的长时间分离，而这两次分离也是柳如是遭难之时。第一次是此番钱谦益北上，柳如是便被钱家人送进县衙大牢。第二次便是钱谦益去世。这一次，他再也不能回来救柳夫人了。柳如是的死也是注定的。

只要钱谦益在，没人敢动柳如是，一如柳如是后来在绝书中所言：“我来汝家二十五年，从不曾受人之气。”钱老的宠爱给了她绝对的底气。钱老实现了自己的承诺。

3 陈子龙流亡

题虎丘石上

入洛纷纷兴太浓，莼鲈此日又相逢。

黑头已自羞江总，青史何曾用蔡邕？

昔去幸宽沉白马，今归应愧卖卢龙。

最怜攀折章台柳，憔悴西风问阿侬。

这首诗题于苏州虎丘的某座山石，诗歌通篇用典，又都极尽嘲讽之能事，讥刺钱谦益的变节行为，历数他的斑斑劣迹。末联中的“章台柳”无疑是指柳如是了，不仅揶揄了柳有失水准的择夫眼光，也隐射了当时的通奸绯闻。夫妻俩双双失节，倒也是绝配。

这首诗系“无名氏”所作。如此才华横溢，又有鲜明的政治立场，绝非普通人所为，因此史传陈子龙是最有可能的作者。

世人推测这“无名氏”便是陈子龙，不仅因为此时的陈子龙正化装为游僧，流亡在苏州一带，更因诗歌尾联充斥的揶揄加酸葡萄再加些许幸灾乐祸的况味，而那个“最怜”，又不无惋惜之情。

但我觉得，也正因了这最后两句，便最不可能是陈子龙所作。依常情，真正爱过的人，不管时间过去多久，内心有多不甘，这份爱赋予的慈悲都不应在青天白日下题诗戏谑，让天下人看她笑话的。这就相当于今天在社交平台挖讽前任。不过确有许多人这么干过，但，陈子龙不是这样的人。

时代鼎革，天翻地覆，人情、人性受到考验，泥沙俱下，鱼龙混杂。钱谦益纵有节亏，在那片乱世迷雾中，又何止他一人看不清方向呢。何况钱谦益只有降清行为，并未为清廷真正效力。而陈子龙的好友李雯，曾经也是“天下兴亡，匹夫有责”的几社斗士，此时不仅成了多尔衮的秘书，还为清廷撰写了许多通缉复明分子的文告。再一个，如谢三宾，为了护住一己身家，害怕被牵连，更是令人发指地通敌清军，借敌人之力捣毁复明分子的军事行动……

身逢乱世，人们都在忙着选择自己的立场与去路，这本也不奇怪，却独独去讽刺钱谦益和自己深爱的女人，实在不像陈子龙这样的名士所为。何况，其时陈子龙正忙着策划、联络，准备着第二次松江起义的军事行动，他也没时间和精力去写诗调侃别人的。

奉先大母归葬庐居

陈子龙

国破家何在？亲亡子独归。

无颜上丘垅，有泪变芳菲。

彤管虚长夜，丹旌对落晖。

空余鸡骨是，霜雪满麻衣。

1646年春，陈子龙祖母去世，从此世间再无让他牵念、让他不敢赴死之人。不久，陈子龙加入了太湖复明势力。

1646年初夏，太湖复明领袖吴易指挥一千多艘战船，袭击吴江城，与江南巡抚土国宝、总兵吴兆圣率领的清军来了一场硬碰硬的恶战。清军虽然遭到重创，终归保住了吴江。由是，吴易发现与邻近地域复明势力联合作战的必要。其时，江南有两派活跃的复明势力，一是浙江的鲁王政权，一是上次松江起义中的幸存者。陈子龙在松江缙绅中素有威望，便因此成为太湖与松江复明分子重要的联络者。

太湖复明势力能够组织上千艘战船发动袭击，这已引起了清方的戒备，而若太湖、浙江、松江三地复明分子联合，更成一个劲敌，清方决意在其壮大之前，将其连根拔除。土国宝想出了一个主意，暗中唆使浙江嘉善知县放出自己同情复明大业的消息，引吴易前来商酌。吴易冒失前往，果然中了埋伏。于是，在陈子龙加入吴易幕中仅两个月后，太湖复明领袖吴易便被清军杀害。

乱世之中，世事瞬息万变，人心也是。或也可说，世人忠于的其实从来都不是国家或君主，而是一己之心。随着吴易的就义，太湖复明势力遂成一盘散沙，总兵吴兆圣乘机收服降军数万人众。但也因与复明分子的近距离接触，吴兆圣受到这些志士的感召，渐渐起了叛清之意。

由此，吴兆圣延续了吴易未完成的使命，第一，联络地处东南、势力强盛的舟山军阀黄斌卿，谋求海上支援；第二，再次与陈子龙联络，希望他继续动员松江缙绅，尝试打通太湖、苏松、沿海的复明势力。

与此同时，陈子龙亦与常州复明领袖黄毓祺秘密联络，商议利用黄斌卿的海上援助，同时在松江、常州两地发动军事行动。

因了这位黄毓祺，陈子龙有机会认识到，柳如是仍然是他当年认识的那个杨朝云，从来都未改变过。这该是他大母死后，他在这个世上得到的唯一的慰藉了。

4 郑成功与父决裂

隆武帝汀州遇难，郑芝龙有不可推卸的责任。

当清军进袭仙霞关，隆武帝命郑芝龙率部扼守，后者却以“海寇”侵袭故乡安平为由，一路撤回泉州，导致清军长驱直入占领福建。

郑芝龙将隆武帝置于死地，这是他向清廷展示归降的诚意，如他在呈与清廷的题本中言：“臣闻皇上入主中原，挥戈南下，夙怀归顺之心。惟山川阻隔，又得知大兵已到，臣即先撤各地驻兵，又晓谕各府、州积贮草秣，以迎大军。”但郑芝龙尚不知清方能许他什么好处，便留了一招，将兵屯在安平，以见机行事。

清军统帅博洛写信力邀郑芝龙前往福州，信中言“吾所以重将军者，以将军能立唐藩也。人臣事主，苟有可为必竭其力；力尽不胜天，则投明而事，乘时建功，此豪杰事也”（《台湾外纪》）云云，郑芝龙禁不住引诱，决意依照博洛指示，只身前往福州共商建功大业。

郑成功坚决反对父亲归降，并再三阻其孤身赴会，“夫虎不可离山，鱼不可脱渊；离山则失其威，脱渊则登时困杀。吾父当三思而行”。（《台湾外纪》）无奈，不论隆武帝殉国，还是父亲降清，都是郑成功不能阻止的。

其时，郑成功不过二十出头，初出茅庐。

前二十年作为南安伯的世子，郑成功与其他权贵子弟并无两样，每日风花雪月、斗鸡走马。虽然颇有些才气，但那副贵公子的派头更招人厌烦。比如他十八岁前往福州参加乡试，“自泉入福，邮传馆舍皆有司备设。及入棘围（即考场），监临交遣小吏诣号舍致寒温，预选同舍生代为起草。珍果佳肴，络绎传送。森竟日饮啖而已。漏下便已出闱，传呼归馆舍，共赫奕如此”。（李世熊《郭宫詹传略》）瞧这排场，真真一副《郑公子冶游图》，哪像是考试去的。过分招摇，以致惹怒了福建提学副使郭之奇，明明是好文章，偏偏就不让他中举。

家国破碎，风雨如晦之际，郑成功受到隆武帝的感召，决意弃文从武，抗清复明。从隆武二年（1646）始，郑成功开始参与军事行动，多方历练，逐渐成为隆武帝的左膀右臂，数次领兵巡关、护驾。但他到底年轻，此时郑氏家族虽在福建、广东海域拥有规模强大的海上军团，但权柄牢牢掌握在郑芝龙手中，郑成功无从染指。

郑芝龙去福州没几天，便被博洛带至北京软禁。清军源自黑山白水间，拥有难以争锋的陆地作战能力，却对水上作战有一种天生的畏惧。因之，郑芝龙作为当时中国最强大海上军团的掌门人，自以为对清廷不可或缺，即便孤身入福州，也是信心满满，认为一定能将自己卖个好价钱。但郑芝龙做了一辈子的海盗，这次却着实遇到了比他厉害百倍的强盗。

清廷非但不愿如郑芝龙的意给他荣华富贵，反倒要收掉他整个海上军团。所谓“神龙失势，与蚯蚓同”，郑芝龙离开海域，受困于京，便与蚯蚓无异，不足为惧。而清廷认为若以这只蚯蚓做要挟，群龙无首的海上军团唯有俯首听命罢了。因之，清廷逼迫郑芝龙写信给郑氏子弟，劝其归降。

清廷的盘算局部成功。奉郑芝龙之命降清的有武毅伯施福、澄济伯郑芝豹及其部众十一万余人。但清廷此举亦逼出了一个此后十余年的海上劲敌。郑成功拒绝降清，与叔父郑鸿逵一起离开郑氏家族，带领少数兵士前往金门，自立门户，并给父亲写了一封青史留名的“绝交”书：“从来父教子以忠，未闻教子以贰。今吾父不听儿言，后倘有不测，儿只有缟素而已。”（《台湾外纪》）

隆武二年（1646）十一月，郑氏家族归降不久，清廷再次展示自己的强盗嘴脸，进攻福建安平镇，大肆劫掠杀戮，在此养病的郑成功的母亲翁氏亦含辱自尽。郑成功肝肠寸断，誓与清廷不共戴天。郑成功携母亲“所著衣巾，焚于南安文庙，仰天唏嘘，曰：‘昔为孺子，今为孤臣，谨谢儒服，惟先师昭鉴！’”（黄宗羲《郑成功传》）从此，郑成功盘踞东南沿海，日益扩张军势，开始了他十八年的抗清大业。

这十八年中，东南沿海郑成功麾下的海上军团，逐渐成了钱谦益、柳如是、黄宗羲这些前朝遗民最后的希望与念想。

5 柳如是助饷义军

钱谦益南归不久，夫妻俩便搬至钱氏产业的另一座别墅，白茆镇的红豆山庄。红豆山庄距离常熟城三十里，紧邻长江，园内风景绝佳，更有一棵年代久远的红豆树。夫妻俩朝观山景，晚枕江涛，看起来真是实现了柳如是从前期许的“烛下鸟笼看拂枕，风前鹦鹉唤梳头”的世外桃源般的隐居生活。

一位武臣和一位不守妇道者，此时避居红豆山庄，在世人看来，不外推测因其“双双失节”，羞于现世，才要躲起来。这也恰好成了一个顺理成章的契机。白茆镇位置僻静，又靠近长江，既隐蔽又交通方便。柳如是选择此处与钱谦益“归隐”，一定是有她的盘算。此际，江南各地抗清活动风起云涌，以柳如是的性格，岂会真的安于做一个不问世事的遗民？

隆武二年（1646）某个冬夜，黄毓祺冒雪暗访红豆山庄。黄毓祺与钱谦益原系旧友，此次拜访乃因常州起义经费不足，希望得到大富豪钱谦益的资助。如此一来，柳如是自当从黄毓祺处获悉陈子龙的近况，不知她是何心绪……

史载，钱氏夫妇倾力相助。

曾经，柳如是因了陈子龙的“负心”，放言“吾非才学如钱学士虞山者不嫁”。

曾经，陈子龙因获悉柳如是真的嫁与钱谦益而病倒数日。

曾经，钱谦益因自己的变节，无颜见天下士人，如他后来所言“甲申三月以后，誓断笔砚，士友过从，绝口不及文事”，以至在这段时间全然自闭，羞于写作，羞于留下任何诗作。

世事巨变的洪流中，钱谦益、柳如是、陈子龙这三位名士，不管曾经各有怎样的心曲，不管曾经各有怎样的抉择，此刻，穿越空间的阻遏，第一次并肩站在了抗清复明的战壕里。

此刻，他们一定是互相理解的。理解的前提是：这是明知不可为但必须为的义举，他们都明白要为此次的抉择付出代价，谁也逃不脱。钱谦益要血洗前耻，陈子龙要完成自己的人生使命，而柳如是，不管现在，还是此后数年间不间断地资助义军，都未留下只言片语的记录。也许在她看来，这无须记录，亦不需要解释。行动已经是解释。

随着时间流逝，清廷对中国南方的控制力日渐加强，至1646年年底，南方能够有效组织抗清活动的地域已经不多了，仅湖南、东南沿海，以及两广地区而已。

城市在相继沦陷，但是战斗仍在继续。

1646年十一月十八日，广西巡抚瞿式耜等人拥立明桂王朱由榔为帝。朱由榔在广东肇庆登基，改元永历。

第九章 — 永诀

无限心苗，惊笺半截。写成亲衬胸前折。临行简点泪痕多，重题小字三声咽。

两地销魂，一分难说。也须暗里思清切。归来认取断肠人，开缄应见红文灭。

——陈子龙《踏莎行·寄书》

1 丁亥之劫

永历元年（1647），柳如是三十岁了。回顾来路，她嫁与钱谦益已经六年了。六年前的那个初夏，南方浓媚阳光下，松江江面，芙蓉画舫载着一船砖块悠悠远去……柳如是每回想这个情形，或也会轻轻笑出声。六年来，国破家碎，岁月狰狞，处处露出獠牙，从来不曾静好，但当柳如是剔灯入帐、环顾一室旖旎夜光时，或也会心存侥幸，从丛余烬中，她仍然尽力掌控住了自己的人生。

然而她到底不知，她的前六年甚至前三十年，所谓沧桑，也不过是序曲而已，人生更大的考验和伤恸，正从未来疾疾窜向她的而立之年。

此际，钱谦益南归半年有余，作为一位有相当历史觉知的大明名流，钱老明白自己无论如何都将逃不脱后世人的指责。但既然大错已经铸就，倘若不得不继续活着，只能想办法尽力补救。钱老所为，其一是决意秘密资助抗清义军，其二便是回到绛云楼的藏书中，继续著书立说。史载，钱谦益着意收集历朝代表诗人及作品，编选一部《列朝诗》，柳如是从旁协助，并也趁机开始收集历代女诗人的资料，编著《闺秀》集。江南遍地狼烟中，或也只有绛云楼内的书墨能让夫妻俩获得一些慰藉。

但好景不长。钱谦益从前好友谢陛、卢世㴶两人“私藏兵器”案爆发，钱老受到牵连。某个春日，官差急扑上门将钱老逮捕。钱老在《和东坡西台诗六首》的序中描述了当时情景：“丁亥三月晦日晨兴礼佛，忽被急征，锒铛拖曳，命在漏刻。”依钱老自述，此时柳如是身体抱恙，卧病在床，但闻得差役上门拿人，旋即“蹶然而起，冒死从行。誓上书代死，否则从死。慷慨首涂，无剌剌可怜之语”。

顾苓《河东君小传》亦言：“丁亥三月，捕宗伯亟。君挈一囊，从刀头剑芒中，牧圉饘橐惟谨。”

两则记载，皆简净扼要，但短短数字中，柳如是的形象已经呼之欲出。

依习俗而言，有官差闯进钱家山庄，钱家女眷自当避之不及，即便在内庭急成一团，怕也是一筹莫展，何况当时情形异常危急，一如钱老所言“命在漏刻”，一旦人被清廷抓走，是祸是福怕就两说了。可说当时留与钱家人争取的时间也就只在钱谦益被“锒铛拖曳”的推搡间隙中了。

柳如是当即决定冒死随行。与其说这是一个决定，不如说这是她的本能反应。其时，钱谦益已经六十五岁了，她不能让他孤身上路。常熟至北京千里之遥的囚徒之旅，对一个花甲老人几乎是致命的。

满面病容的柳如是强挣而起，挡在钱谦益面前，一副“要抓我丈夫便将我一起带走”的泼辣与强硬，或也让官差为之一震吧。再，钱谦益名重一时，此案尚未审理，若他就此命丧北上途中，那也是一桩额外的麻烦，何况柳如是只是要求陪同丈夫，原也并不过分……总之，最后官差同意柳如是随同北上，钱谦益对此的反应是“余亦赖以自壮焉”。有柳夫人在，老头儿的胆子也壮了些。

风波平息后，钱谦益在组诗《和东坡诗六首》中回顾了此番牢狱之灾，如：

三人贯索语酸凄，主犯灾星仆运低。
溲溺关通真并命，影形绊絷似连鸡。

又如：

六月霜凝倍惨凄，骨消皮削首频低。
云林永绝离罗雉，砧几相邻待割鸡。

二十年后，钱老在《病榻消寒杂咏》中，再次回望了这段经历：

缧绁重围四浃旬，仆童并命付灰尘。
三人缠索同三木，六足钩牵有六身 。
伏鼠盘头遗宿溺，饥蝇攒口嘬余津。
频年风雨鸡鸣候，循省颠毛荷鬼神。

三首诗均状写清廷监狱的种种恶劣景况，措辞甚重，诸如“影形绊絷似连鸡”“骨消皮削”“缠索”“钩牵”，更有如老鼠般只能在墙角便溺，甚至每日活在目睹邻犯“待割鸡”、不知此番厄运何时降临自身的恐惧和未知中……读来令人心恻。即便在二十年后，在回忆的笔触中，钱老对这段凄厉的遭遇依旧铭心刻骨。钱谦益作为一代名士，待遇已经如此，亦可从中推测，柳如是此次陪同北上的凶险，若用“舍命相随”来形容她的决绝，怕也不为过吧。

纵在当时，柳如是区区一弱女子“从刀头剑芒中”照料丈夫的举动，便已经传遍京都、江南，天下大哗了。其轰动效应，远胜于当年这对白首红颜的松江结缡。又特别是柳如是如此勇狠，而钱家老小全无动静。钱家女眷自不待说，钱家少爷状告柳夫人与人通奸时跑得比谁都快，此刻“公子孙爱年少，

莫展一筹，瑟缩而已”。（《斑斓旧事秦淮河》）

因之，柳如是“北上救夫”，经过人们口口相传，渐渐有了传奇色彩，真真假假。流传最广的一个版本是，传说柳如是随身“挈一囊”，袋子里全是银子，用以贿赂京城权要，如邓之诚《清诗纪事初编》所载：钱谦益“归遂牵连淄川谢陛案，银铛北上，传言行贿三十万，得幸免”。

后有学者质疑柳如是此次散重金救夫事件的真实性，如周采泉先生所言：“河东君系一仃伶抱病之女，携赃三十万金，只身三千里，向京中权门夤缘求救，简直不可想象……”

关于钱谦益的最终获救，陈寅恪先生在《柳如是别传》中考证，“……然则牧斋殆可经顾（与治）、韩（函可）之关系，向洪氏（承畴）解脱其反清之罪。马国柱不过承继享九（洪承畴字）之原议，而完成未尽之手续耳。”钱老在朝中尚有一些故交，愿意站出来力保老友，又有洪承畴这样的“贰臣”，同为降臣，看见钱谦益以莫须有的罪名被逮下狱，怕也有兔死狐悲之感吧，所以或也会尽力斡旋。

总之，尽管钱老获救的详细经过已难厘清，但经过四十天的无妄之灾后，钱谦益终于重返人间。不论此次实际的营救行动中柳如是起了多大的作用，她无疑是钱谦益在那鬼蜮般的监牢中唯一的精神支撑，她的陪伴给了这位命运多舛的老人顽强的求生欲。

柳如是也是钱老在狱中唯一牵挂的人，他在《和东坡西台诗六首》序中写道："狱急时，次东坡御史台寄妻诗，以当诀别。狱中遏纸笔，临风暗诵，饮泣而已……"这段颇有画面感的自述，读来每每令人心折。一个以为自己命不久矣的花甲老人，在暗无天日、没有纸笔的监牢中，瞅着高墙上那一方窄窗的天光，默念着给心爱之人的诗，用以慰藉强烈的思念和即将永别的悲恸。不难想象，应也正是这份炽热的想念支撑钱老扛过了那噩梦般的四十天。

朔气阴森夏亦凄，穹庐四盖觉天低。
青春望断催归鸟，黑狱声沉报晓鸡。
恸哭临江无壮子，临行赴难有贤妻。
重围不禁还乡梦，却过淮东又淮西。

此诗除了再次回顾牢狱经历的恐怖，还有一个显明的特点，即以一种公开称柳如是为"贤妻"的方式，毫不保留地表达了对她的感激：临行赴难有贤妻。这也是钱老首次在诗中对柳如是以"妻"称之。六年前，尽管钱谦益以正式的合卺婚礼迎娶柳如是，并将家中经济大权交与她掌管，但钱氏家有正室，这是不争的事实，不论柳如是如何得宠，她的身份、地位在传统习俗中都只能是“妾”，纵是钱谦益，也不得不稍有顾及的。不过，经历这次生死一线的遭遇，钱老显也是豁出去了。

此番京都历险后，柳如是一生的盛名又多了些名目，如《启祯纪闻录》载：“钱牧斋有妾柳氏，宠嬖非常，人意其或以颜貌，或以技能擅长耳。及丁亥牧老被逮，柳氏即装挈重贿北上，先入燕京，行贿于权要，曲为斡旋，然后钱老徐到，竟得释放，生还里门。始知此妇有才智，故缓急有赖，庶几女流之侠，又不当以闺阃细谨律之也……”

柳如是初归钱谦益，世人皆认为她不过就是凭恃自己才貌，魅惑钱老，觅得一个归宿而已。直至丁亥事发，人们才认识到她有不同于普通闺阁女子的勇敢与担当。好了，那些一直想看这对夫妇笑话的正人君子们，现在终于可以闭嘴了。

经过四十天的煎熬，夫妇俩终于虎口脱险，重新携手回至常熟，走进绛云楼，归于正常的阅读写作的家居生活。晚来风凉，柳如是透过绛云楼的窗棂，望向苍茫夜色，她或会生出劫后余生之感。想来有那么一段时间，她心绪清宁，沉稳稳地隐在历经动荡后的类似慵懒的安详之中，就像过度疲劳之后瓷实的睡眠。虽然周遭一片废墟，但这一次，她仍然立稳了，掌控住了自己的人生。

不过不久以后，她便会从这松弛的睡眠中惊醒。远方传来消息，她的一生至爱陈子龙殉国。

2 永诀

当钱谦益在监狱里忧愤低回，当柳如是在京城为钱老尽力奔走，陈子龙以及同谋者策划的第二次松江起义即将打响。

作为江南缙绅的代表和第一次松江起义的策划者、幸存者，陈子龙成功取得了浙江鲁王政权、太湖复明势力吴兆易、舟山军阀黄斌卿、常州义军领袖黄毓祺的信任，并将几股势力联合，谋划五月二十日的军事行动。根据策划，黄斌卿率部在海上接应松江、常州的起义行动，义军从水陆两道进袭南京清军。

但是，随着时间流逝，随着清廷对江南控制力和渗透力的逐渐加强，越来越多的人感到大明气数其实已经到头了，义军的负隅顽抗不过是执念所驱，因之，多有识时务者明里暗里投奔清廷。此次军事行动，与南明其他地域数百次的抗清行动一样，计划看似严谨，队伍规模看似齐整，实则早已千疮百孔、人心参差了。你永远无法预料会在哪个时刻跳出一个谁来，将计划全盘兜与清廷，作为归降的见面礼。

五月初，军事行动的消息泄露。此次变节者为曾经的东林党名士杨涟的儿子杨子易。江南巡抚土国宝迅速行动，组织军队在长江沿岸警戒，并派人扣押了吴兆易的家人，以此要挟。

箭在弦上，不得不发。吴兆易坚持按计划进行，他杀了杨子易与其他通清的松江官员，动员两千兵士，誓师城下，试图冒险突围，穿越清军封锁，与黄斌卿的海上支援会合。

但，计划再一次遭阻。五月十八日，一场台风突袭长江，导致黄斌卿的舰船沉没，损失过半。海上漂泊的幸存者挣扎靠岸，又遇株守在此的土国宝军队的袭击……清方几乎不费吹灰之力便将这场行动毁灭。

不同于上一次的松江起义，其时清廷受到全国各地此起彼伏的抗清行动的掣肘，只能抱着哪里起火便去哪里灭火的态度，被动地、表层次地剿灭义军。此时，经过三年多的占领和屠戮，清廷已经完全有能力对此次军事行动来一个深度清洗。

清廷决意全力搜捕松江兵变所有的关联者，不仅包括直接的参与者，还有支持或同情义军的江南士绅，誓要将这个网络连根拔除。在这一“政策”的指导下，江南空气中再次流淌着血腥，先后有千余名士人遭到逮捕、屠杀，用土国宝的话说，“兜捕之后，凡能咀嚼者一人不留”。(《南明史料》)

很快，陈子龙的名字浮出水面。作为江南士绅的精神领袖，他自是不会被放过。再一次，陈子龙开始了流亡之旅。

受到老友们友善的接应，陈子龙在各处朋友的住处辗转流徙。他先逃至第一次松江起义中殉国的好友夏允彝的兄弟夏之旭处，不久，夏家遭到搜捕，陈子龙再次逃亡。这一次嘉定友人侯岐收留了他。但没过多久，陈子龙行踪又再暴露，清军紧随而至。陈子龙正与朋友商酌设法潜入浙江的逃亡路线，计划尚未来得及践行，土国宝等带着军队出现了。

史传，陈子龙的仆人刘驯闻得清军迫近，恳求陈子龙藏起来，遭到陈的拒绝。当清军闯入侯宅时，陈子龙席地坐于堂中，坦然接受被捕的命运。

计拙存谋野，时危适遁荒。
友人怜豫让，女子识韩康。
周鼎无消息，秦灰正渺茫。
冥鸿天路隘，何处共翱翔。

这是陈子龙在自己人生末年写的一首诗，诗中充满了国破家亡自己却只能“计拙存谋野”的无力感。颔联引用的“韩康”典故道出了陈子龙此时的心境。韩康，东汉隐士，采药、卖药数年，以“口不二价三十余年”著称于世。有一日，一名女子向韩康寻药，欲讨价还价，韩康坚拒，女子恼道：“公是韩伯休，乃不二价乎？”只因为你是韩康，必须顾及自己“口不二价三十年”的名誉，才这般无情拒我吗？

陈子龙认为自己也如韩康一般，除了以“坚拒”清廷来维护自己作为大明名士的荣誉，再无别的选择。即便参与策划的一场又一场的军事行动都毫无胜算可言，那也是他必须做的。因为他是陈子龙。

但陈子龙也会累，也会绝望，也会厌倦逃亡。此时大母已经离世，不会有白发人送黑发人的伤恸，他便可以坦然赴死了。清军决意将陈子龙押往南京，再做审处。

此时是永历元年（1647）六月。江南仲夏的梅雨时节。晴时阳光亮丽，雨来时却也如泣如诉，旖旎缠绵多日，宛如陈子龙的一生。爱国爱得刚烈勇猛、一往无前，爱柳如是爱得深沉缱绻、锥心刺骨。押送陈子龙的船只经过从苏州至南京途中的塘桥时，陈子龙趁警卫不备，挣脱绳索，跳入江中，自溺而亡，享年四十岁。

三年前，也即1644年，陈子龙供职南京弘光朝廷，柳如是作为礼部尚书夫人，亦随钱谦益前往南京。其时，也是陈子龙与柳如是分手的第十年。从现存史料无法准确断定两人是否在南京见过面，但依常理而言，是完全有这个可能的。故人并非敌人，全无回避必要，何况乱离之世，前程晦暗，谁也不知将来会发生什么，真真也是见一面少一面了。

五十天后，陈子龙出走南京弘光朝。那一年晚些时候，柳如是在友人黄媛介的画幅上题下了一行字：无过是，怨花伤柳，一样怕黄昏。那该是柳如是面对陈子龙离去全部的心情。

当远方传来陈子龙殉难的消息，柳如是或会再次想起十年前嘉善诀别后陈子龙为她填的那首《满庭芳·和少游送别》。他们是早已告别过了，还是在心里从来都未曾真正地放下、真正地告别？在那黑暗的冰冷的江水中，在丧失意识的短暂刹那，也许陈子龙一直都在与她告别：落红如梦，芳郊似海，只有情无底。

不论如何，这一次是真的永别了。

陈子龙生无可恋，决意殉葬大明，但此际的柳如是必须将巨大的悲恸好好地隐于内心，必须更加顽强地活下去，不论未来再会面对怎样的厄运。因为，她已经有孕在身。

生命洪流滚滚向前。无论乱世、末世，从来都无法阻挡新生命的降临。

3 戊子之劫

永历二年（1648）年初，黄毓祺被逮入狱，旋即，便有一系列的人受到牵连。

凤阳巡抚陈之龙奏报清廷当局：“自金逆声桓之叛，沿海一带，与舟山之寇，止隔一水，故密差中军各将稽察奸细，擒到伪总督黄毓祺并家人袁五，搜获铜铸伪关防一颗，反诗一本，供出江北窝党薛继周等，江南王觉生、钱谦益、许念先等，现在密咨拏缉。”

清廷下旨：“黄毓祺著正法，其江北窝贼薛继周等，江南逆贼王觉生、钱谦益、许念先等，著马国柱严饬该管访拏。袁五著一并究拟。”

五月，“江南逆贼”钱谦益被逮捕，押至南京。此时距上次牢狱之灾正好一年。但此番被捕，更比丁亥之劫凶险万分。若说上一次钱老只因与谢陛等人旧相识而受牵连，此次，夫妇俩散金资助黄毓祺却是既定事实。

柳如是虽然怀有身孕，已然顾不得许多了，她毅然随夫入南京。这一次也如前番，钱谦益羁押在狱，柳如是以及钱老故交在狱外全力奔走，设法营救。终于，钱老又一次脱罪，逃出生天。据载，钱老最终获释得益于三方面的因素。

第一，钱谦益诸多旧友以及钱老本人通过各种关系，不断向清廷上层求情、解释，一如钱老后来回忆的：“戊子岁，余羁囚金陵，乳山道士林古度偻行相慰问，桐皖间遗民盛集陶、何寐明等亦时相过从，奔走解难。”

第二，柳如是的全力求救。若说 1647 年之劫中，柳如是孤身随夫入京都，已经足够传奇，此番作为身怀六甲的待产妇人，仍然四处请托、疏通关节，那真真是让人刮目了。而且此次营救，不同于丁亥年真假不明的“行贿三十万”的囫囵记载，从相关资料看，这一次柳如是确使用了“特别柳如是”的策略。

作为一介女流，柳如是不同于钱谦益的权贵旧交，可以直接求情求到南京最高长官洪承畴以及三省总督马国柱面前。柳如是首先要做的，只能是找到这么一个能够替她牵线搭桥的中间人。经过多方打听，柳如是盯上了南京备兵使梁慎可，他现在洪承畴幕府供职，据说颇得洪的赏识，与马国柱也有些交情。最关键的，梁家与钱氏家族原为三代世交，这么一来，关系的基础仿佛就有了。

数年后，钱谦益在《梁母吴太夫人寿序》中提及此事：“……余坐饮章急征，妇河东氏匍匐从行。狱急，寄孥于梁氏。太夫人命慎可卜雕陵以居……”意谓柳如是作为妇人，自然也难以见到梁慎可的，但柳如是以故交的名义拜访了梁慎可的母亲吴太夫人，百般讨好、求情。闯荡江湖多年、熟谙人情世故的柳如是，拿下一位养居深宅的老夫人，本也不在话下。太夫人果然出面干涉，不断督促梁慎可为钱谦益之事斡旋。

第三，业已被定死罪的黄毓祺，不忍拖累老友，在狱中绝食而亡。这样，钱谦益案的人证没有了，便也无从立案。

数日后，钱谦益获准出狱，但行动遭到管制，夫妇俩未能获允回常熟，只能暂寓苏州拙政园。在这里，柳如是大事办妥，终于可以休息了。

柳如是生下了女儿，成为母亲。

半年后，黄毓祺一案终于结案，“顺治五年奏擒奸人黄毓祺于通州法宝寺，获伪印及悖逆诗词，原任礼部侍郎钱谦益曾留毓祺宿，且许资助招兵。诏马国柱严鞫，毓祺死于狱，谦益辩明得释。”

不久，便又是新的一年了。永历三年（1649）的春节，六十七岁的钱谦益想来会颇为感慨。两度牢狱之灾，每次都以为是灭顶之祸，却终于能全身而退，柳如是还为他生了一个宝贝女儿，真是天降意外之福。钱老一生时乖命蹇，数度遭受陷害、迫害，仅入狱的经历前后就有三次（第一次在丁丑年间），又身负“贰臣”之辱，苟活于世，若没有柳如是在背后鼎力相助，难以想象这位花甲老人还能一直燃烧着生的勇气。因为身为血肉之躯，人的斗志一定是有限的，必须不停地施以希望的给养，让其茁壮、昂扬，才不致萎谢。

想想陈子龙的“视死如归”吧。有时候决意从容赴死、不再挣一挣，何尝不是因为不存希望了。原本第二次松江起义前夕，陈子龙便获悉消息走漏，学生劝他逃走，遭其拒绝，或许从那时起，他就决意了结这无味的人生了。这个世界，没有能让他容身的国家，也不再有能让他为之不愿死、不敢死的人，他的从容中该是充满了“就这样吧，我累了”的无力和心碎。

常熟除夕之夜，寂寂寒空下，寥落的爆竹声偶从远处传来，那声音听上去胆怯、喑哑。虽说新年应有新气象，大约所有常熟百姓都不知何谓“新气象”，每个人都在困惑又苦闷地等待自己命运的揭示。板荡之际，光阴流转中也充满了许多不确定，谁也不知自己何时会被拦截、吞噬。

或许此时的常熟城内，只有钱谦益这个老头儿是最高兴的了。历劫归来，一家团圆、平安，他是有资格乐一乐的。

> 频烦襆被卷残书，顾影颓然又岁初。
> 自笑羁囚牢户熟，人怜留滞贾胡如。
> 渊明弱女咿嚘候，孺仲贤妻涕泪余。
> 为问乌衣新燕子，衔泥何日到寒庐。

在以往感喟自己壮志未酬、荒废残年的诗里，钱老总是止不住的一腔苦郁，而这一首的色调显是明亮了许多，还自嘲经过几度被囚已对牢狱都熟门熟路了。腹联首句写新生女儿的咿呀稚语，次句再度称柳如是为“贤妻”，感激她所有的付出。

多年前，钱谦益与柳如是首度一起守岁时，钱老写道：“深深帘幕残年火，小小房栊满院香。”柳如是和道：“小院围炉如白昼，两人隐几自焚香。”如今小小房栊中，两人焚香换成了一家三口，又是在如此乱世之中，钱老的惊喜、欣喜当是无以言表的。历经岁月磨难，这或也是他六十七岁的生命历程中第一次真正感受到什么是“团圆”。最爱的女人，最爱的女人为他生的女儿。所以在末联，不久前还在监狱“饮泣而已”的老头儿又像少年人一般，对生活充满了无限希望。

夜寂人静，待丈夫和女儿都在醺暖、静谧的炉光中沉沉睡去，柳如是或才有闲暇坐在窗畔，望一望夜空，想一想故人。

纤月在天，一院寒辉，几案之上，瓶中蜡梅，杯中冷酒。天边之人，阴阳相隔之人，为他祭一杯酒，哀悼片时。

青玉案·春暮

陈子龙

青楼恼乱杨花起，能几日，东风里。回首三春浑欲悔，落红如梦，芳郊似海，只有情无底。

华年一掷随流水，留不住，人千里。此际断肠谁可比，离筵催散，小窗惜别，泪眼栏杆倚。

4 少年游

崇祯五年（1632），柳如是十四岁，被从“吴江故相”府邸赶出来，打着“相府下堂妾”的招牌，乘着画舫，在长江三角洲的水网地带悠游、纵乐，随性打发那些闻名而来的公子哥。那时的柳如是到底年轻，虽是风尘中人，于红尘而言，却又像是方外之士，不知何谓情伤，何谓苦恋。无知无畏，无情亦无怨。

封印开启，在佘山之行。

崇祯五年（1632）十一月初七，佘山大儒陈眉公七十五岁寿辰。这位留有许多警世恒言如“留七分正经以度生，留三分痴呆以防死”的老先生，乃柳如是的授业恩师。柳如是后来在诗画方面的造诣均得益于陈老先生的启蒙。

陈眉公虽然隐居佘山,却也是一方名流,遍交天下名士。因此老先生的寿诞,更是天下才子、才姝的盛大社交会,各方名士名媛荟萃一堂。不仅有王修微、林天素、柳如是这般名噪江南的才姝,更有宋辕文、李待问、李雯、陈子龙这样的年轻才子。

这也是柳如是与陈子龙的第一次见面。

后来陈子龙在诗歌《偕万年少李舒章宿陈眉公先生山房》中回顾了当晚夜宿佘山的情形：

与客俱好静，夕阳水上寒。遂繇晚山下，颇历幽人端。
鸟鹊振风起，松杉入照残。夜深更语笑，明月畏相看。
连袂上云岫，寒心各自知。预营高士墓，乃筑仙人祠。
江海鸟飞内，冰霜月起时。幽幽林木下，浩荡不能思。

佘山林木森然，曲径烟袅，环境异常幽雅，用陈眉公自己的话形容，那便是“竹篱茅舍，石屋花轩；松柏群吟，藤萝翳景；流水绕户，飞泉挂檐，烟霞欲栖，林壑将暝”。陈眉公庄园“晚香堂”附近更是遍植花卉、修竹，处处亭阁楼榭，仲冬之际，更有蜡梅的暗香盈盈。二十四岁的陈子龙，颇为佘山的幽深夜景吸引，此诗中字字流露对山里静夜的欢喜，而这欢喜中亦有一种气定神闲，那是因为内心安详，尚无牵绊。不过不久之后，他的人生便再无这种四平八稳了。

柳如是素来喜好交游，结交有识之士。陈子龙这般的才子，自是不会放过。史传佘山之会后，柳如是一身儒士装扮，登门拜访陈子龙。陈子龙为她的轻狂惊骇，竟拒绝见面。从陈子龙一生的行事风格来看，不论是对祖母、对家庭的责任感，还是对大明王朝的忠诚，他都是一个明显区别于钱谦益的严格传统意义上的“名士”。他被柳如是的行径吓到，也属正常。但，毫无疑问，在拒绝中他仍然是被吸引的。

崇祯六年（1633）春，佘山之行仅半年后，两人相爱。此后陈子龙的余生，十多年中，恪守着“诗庄词媚”的传统，他的诗歌都献给了他的大明王朝，他的所有的风情、痴情、深情、情怨、情伤，都写进词里，都是柳如是。

只有柳如是。

桃源忆故人·南楼雨暮

陈子龙

小楼极望连平楚，帘卷一帆南浦。试问晚风吹去，狼藉春何处。

相思此路无从数，毕竟天涯几许。莫听娇莺私语，怨尽梨花雨。

少年游

柳如是

丝丝碧树何曾卷，又是梨花晚。海燕翻翻，那时娇面。做了断肠缘。

寄我红笺人不见。看他罗幕秋千。血衣着地，未息飘飏，也似人心软。

崇祯八年（1635）夏，两人被迫分离，短暂寄居的南楼亦成为只可追忆的往事。陈子龙返回松江城内，柳如是则避居横云山友人别墅，从此咫尺天涯。这两首词均填于分手后不久，虽不是唱和之作，据学者推测，亦有关联，比如“梨花”这一意象。比较两首词，便可略知两人别后各自的心曲。

陈子龙的词里都是想念，都是相思，虽说也“怨尽梨花雨”，但半途而弃，毕竟是他的抉择，所以措辞虽哀婉却还温和。而柳如是的这首词里，是有恨的。“做了断肠缘”已有赌誓的成分，而用“血衣着地”来形容凋败的梨花，更显得触目。两人的感情中，不论如何为现实所迫，她到底是被自己挚爱放弃的一方，这绵绵恨意怕是在分手的最初时日中一直咬噬着她。

如今，悠悠十年过去，她为人妻，如今亦为人母。虽已无国，但尚有家。她应早就原宥了自己的被放弃。

当年，陈子龙写道：“苟两心之不移，虽万里而如贯，又何必共衾帱而展欢，当河梁而长叹哉。”

她亦写道：“同在百年之内，共为幽怨之人。事有参商，势有难易。虽知己而必别，纵暂别其必深。冀白首而同归，愿心志之固贞。庶乎延平之剑，有时而合。平原之簪。永永其不失矣。”

若说从前说些誓言，柳如是尚有怨恨的成分，用心志顽守这段爱情，让陈子龙抱愧自己的半途而弃。如今当她再默念这些词句，一字一字，都是她的心曲，她的经历。她或会恍然，对陈子龙，她早已无怨亦无恨，只有深沉的深沉的怀念。

当年南园雅集，柳如是着儒士装，坐于几社众士子中，听他们慷慨激昂、指点天下，那情景宛若在昨天。如今，他们都已成故人。

陈子龙，1647 年第二次松江起义中殉难。

李待问，1645 年第一次松江起义中殉难。

李雯，降清，郁郁而终。

从睡梦中惺然张眼的柳如是，或会不经意地发现自己已经满面泪痕。摇篮中的女儿，在酣然沉睡，在悄然无觉地长大。这个世界，有人在逝去，有人在到来。新的生命茁壮成长，逝去的人永远藏在心里，藏在《梦江南·怀人》中。

第十章 —— 梦江南·怀人

人去也，人去凤城西。细雨湿将红袖意，新芜深与翠眉低。蝴蝶最迷离。

——柳如是

其一

人去也，人去凤城西。细雨湿将红袖意，新芜深与翠眉低。蝴蝶最迷离。

凤城西，指松江。崇祯八年（1635）初夏，柳如是与陈子龙分离，入横云山。此词摹写两人分别时的情态。泪痕依依，湿了红袖，翠眉低敛，颔首饮泣不已。

“蝴蝶最迷离”句化用庄周梦蝶之典，“不知周之梦为蝴蝶与，蝴蝶之梦为周与？”欢爱一场，亦像庄周梦蝶，是梦是实？“迷离”既言心境，又是泪眼望出去的世界。

其二

人去也，人去鸬鹚洲。菡萏结为翡翠恨，柳丝飞上钿筝愁。罗幕早惊秋。

鸬鹚洲，松江某地，当是两人曾经携手同游、充满回忆之地。菡萏，荷花。菡萏、细柳，皆为鸬鹚洲风物，携手游赏时不觉，蓦然回顾，风物依旧，当时的欢欣却已结成了怨和愁。

其三

人去也，人去画楼中。不是尾涎人散漫，何须红粉玉玲珑。端有夜来风。

画楼，经陈寅恪先生考证，当是两人曾暂寓的南楼，不论是与否，可以肯定的是，此画楼当与鸬鹚洲一样，是两人曾经流连的处所。

“尾涎人散漫”引赵飞燕之典，《汉书·五行志》载：“成帝时，童谣曰：燕燕，尾涎涎。张公子，时相见。木门仓琅根，燕飞来，啄皇孙。皇孙死，燕啄矢……”意即赵飞燕乃红颜祸水。“红粉玉玲珑”引霍小玉之典。《霍小玉传》为唐时传奇小说，写艺妓霍小玉与名士李益相爱，李益惧母，设法断绝小玉痴念，小玉忧愤而殁，亡魂扰得李益终生不得安宁。

前引赵飞燕之典，声称自己绝非燕燕之流，后引霍小玉之典，且冠以“何须”，再次剖白自己绝不至如此痴缠，扰人安宁。末句“端有夜来风”化用李商隐诗“昨夜星辰昨夜风，画楼西畔桂堂东”。而李诗诗眼在颔联“身无彩凤双飞翼，心有灵犀一点通”。这样一来，这首词三个段落的层次便很分明了。先情难自禁地怀念画楼中的清欢；接着剖白自己虽仍陷于情网，却绝非赵飞燕、霍小玉之流；最后再表明，自己的心意懂的人自然会懂，无须多言，更或者说其中隐意其实是“希望你会懂”。

一阕小令，短短数字，已道出了一个在爱情中挣扎、突围的女子的心绪，忽而怨，忽而恨，忽而孤傲、自尊，最后却又毫无预兆地回到之前的怀念中了。

这就是爱情啊。

其四

人去也，人去小池台。道是情多还不是，苦为恨少却教猜。一望损莓苔。

小池台，又一昔日聚首处。“一望损莓苔”化刘禹锡诗“一路经行处，莓苔见履痕”。所经之路，莓苔上自然会留下足印，一如昔日小池台的流连，今日只剩回忆的痕迹。

其五

人去也，人去绿窗纱。赢得病愁输燕子，禁怜模样隔天涯。好处暗相遮。

绿窗纱，当为昔时南楼风景。此词摹写分别后因愁郁而生病，以至形销骨立，有“输燕”之态了。此词颇有画面感，似能看见绿窗纱后影影绰绰的人儿，暗自神伤，借着窗纱刻意将自己与室外的天光隔离，沉浸在窗后忧伤、迷惘的情绪里。

其六

人去也，人去玉笙寒。凤子啄残红豆小，雉媒骄拥亵香看。杏子是春衫。

“玉笙寒”，化李璟诗“小楼吹彻玉笙寒”，借指昔日暂住的南楼。凤子，凤凰；雉媒，为猎人驯养的用来诱捕野雉的鸟类。“凤子”对“雉媒”，前句乃自喻，谓己一腔痴情，后句中的“雉媒”“亵香”皆形容不雅的流言。柳如是与陈子龙情事最后由陈家人打上门来而终结，此事必曾在松江里巷传为一时谈资。想着自己痴念，遭到世人无情的揶揄、嘲弄，柳如是当是心绪难平。

其七

人去也，人去碧梧阴。未信赚人肠断曲，却疑误我字同心。幽怨不须寻。

碧梧阴，化杜甫诗“碧梧栖老凤凰枝”，借指昔日两人散步、聊天的经行处。断肠曲，化白居易诗“此时人间断肠曲，莫教不得意人听”。字同心，指被虫蚀成心形的梧桐叶。此词再次摹写与陈子龙别后的心绪。不论世人如何看待这段“南楼艳事”，此情于她却是刻骨之恋。

旁观者的态度、自己的态度，柳如是在这一组词中反复吟咏这一主题，不时转换立场，忽而站在社会舆论的角度，忽而回到自己的处境，从中亦可推测，这段情事在当时掀起的波澜，以及舆论带给柳如是的久久难平的愤恨。

其八

人去也，人去小棠梨。强起落花还瑟瑟，别时红泪有些些。门外柳相依。

小棠梨，当与碧梧阴一样，为昔日两人流连处。本都是寻常景物，一经情意点染，便都格外不同，不论落花纷飞、依依杨柳，都能瞬时招惹得眼泪些些，但又如辛弃疾《南乡子》所云：“别泪没些些，海誓山盟总是余。”誓言转瞬成空言，只有小棠梨、碧梧阴、绿窗纱长在。

至此，《梦江南·怀人》前八首分别写了凤城西、鸬鹚洲、画楼、小池台、碧窗纱等，每一首，既是一处地域情景的特写，也是一节回忆，更是一帧小画、一则故事。

其九

人去也，人去梦偏多。忆昔见时多不语，而今偷悔更生疏。梦里自欢娱。

这一首与前八首皆不同。没有道出地点，更没有摹写因地点引发的故事、回忆，而是绕过这些布置，直抒襟怀，这襟怀亦是强烈直接的：后悔从前没有珍惜光阴多与你说话，如今只能任这份感情在那些想说而未来得及道出的词句中荒疏了。

经过前八首对往事耐心、细致的描摹，到第九首时，柳如是的思念仿佛陡然升级，亦倏地发现先前那些克制的追忆，终究无法填满自己内心庞然的空落，所以她笔锋一转，决定直面思念本身。这就好像前八首中，柳如是手中尚且握着武器，时而幽怨时而愤懑时而自怜，从不同角度来围攻这段不合时宜的情事，以说服自己忘却，此时却突然缴械投降，让思念完全占据自己。陈寅恪先生称此首是这组词“二十首中之最佳者，河东君之才华，于此可窥见一斑也”。柳如是诗词的编著者李圣华亦称此首“有一高妙之处，即袒见心迹，不事雕琢，自然清新中有一段含蓄曲折”。

其十

人去也，人去夜偏长。宝带乍温青骢意，罗衣轻试玉光凉。薇帐一条香。

第十首紧接第九首而来，若说前八首都是怨人，那自第九首柳如是决定直面思念以后，怨的对象从“人”换成了“夜”。第九首怨“梦偏多”，第十首怨“夜偏长”，而不论怨梦还是怨夜，无非因为思念而不得因此觉得夜格外漫长、凄清。

《梦江南·怀人》前十阕，均以“人去也”开头，从第十一阕开始，均以“人何在”开头，一如李圣华所言，这二十首小令，“虽是自言，但篇篇有陈子龙”。

其十一

人何在？人在蓼花汀。炉鸭自沉香雾暖，春山争绕画屏深。金雀敛啼痕。

此词摹写闺中清欢。

蓼花汀，当属松江境内风物。“炉鸭自沉香雾暖”化用晏几道词“鸭炉香过锁窗寒”，此句言闺阁风景。春山，喻形容姣好的眉。金雀，钗名；敛啼痕，即敛啼眉。

此阕中，春山、金雀、敛啼痕，柳如是连用了三个充满浓浓女性气息的词，且前有香雾暖，后有画屏深，营造出闺阁中柔暖、静谧且私密的氛围。“画眉”自古便为男女情爱游戏，如唐人朱庆余诗“妆罢低声问夫婿，画眉深浅入时无”。此处，从春山到敛啼痕，不免使人推想柳如是与陈子龙分手后各自经年难忘的沉痛，恰也因为闺中那些不能与外人道的旖旎时光。

柳如是一生中有三位最为重要的男性：陈子龙、汪然明、钱谦益。略微比较一下柳如是与他们的诗词唱和，是很有意思的。

这三位男性在柳如是的人生中，各自拥有一个“最”。

柳如是与陈子龙唱和的诗词，是“最”具女性气质的。在这些诗词中，从头到尾，柳如是都实实在在是一个恋爱中的女人。为爱沉溺，为爱生怨生恨。

柳如是与汪然明往还的那些尺牍、书信中，柳如是是“最”才华横溢的。柳如是十分清楚自己吸引汪然明的最大资本便是才情，而她需要他的资助，所以即便在人生最低谷、情绪崩溃的边缘，她写给汪然明的信札，亦篇篇斟字酌句、旁征博引，非常巧妙地展示了自己的“博学”。

柳如是与钱谦益的诗歌唱和，是“最”少的。从崇祯十三年（1640）冬柳如是拜访半野堂至崇祯十四年（1641）六月结缡，前后半年多的时间，柳如是与钱老唱和之作密集，但统共也不过十余首，从此以后，柳如是的诗词创作便进入永久性停产。

从此以后，不论江湖红尘还是诗词领域，柳如是都从中隐退了。这其中的蕴意耐人寻味却又无法真切道来。

其十二

人何在？人在小中亭。想得起来匀面后，知他和笑是无情。遮莫向谁生。

小中亭,旧时流连地。此阕亦写闺中情趣,若用一个词形容这首词中流溢的情绪,那便是“娇嗔”。女为悦己者容,柳如是为心爱之人仔细打扮,或许妆容比平时更为精致,希望得到多一些的赞美,而“直男”陈子龙并未发现与平日有何不同……

其十三

人何在？人在月明中。半夜夺他金扼臂，殢人还复看芙蓉。心事好朦胧。

月明中，化用唐人赵嘏诗“帘下秋江夜影空，移楼人在月明中”。金扼臂，金镯。此阕摹写月下漫游。忽而嬉戏夺他金镯，忽而并肩静立看月下芙蓉。至今想来，只觉恍若隔世，心事朦胧。

其十四

人何在？人在木兰舟。总见客时常独语，更无知处在梳头。碧丽怨风流。

木兰舟，旧时相会处。此阕回忆陈子龙携自己参加友人的舟中雅集。独语，形容讲话时慷慨激昂的模样。梳头，化用元人李孝光诗“游人濯足银河上，越女梳头清镜中”，喻泛舟江上。柳如是向来敬仰陈子龙心系天下的名士襟怀与气度，在这首词里，她追忆了舟中雅集中陈子龙纵谈古今天下事的昂扬坦荡。这也让人推想，陈子龙身上那种清刚、疏宕的气质，正是让她着迷的，应也是她久久沉溺于此段往事的原因之一。

其十五

人何在？人在绮筵时。香臂欲抬何处堕，片言吹去若为思。况是口微脂。

第十四首追忆陈子龙在宴集中的形态，此阕则回望了自己身在绮筵的情形。“香臂欲抬何处堕”形容舞姿，“片言吹去若为思”形容歌声。“况是口微脂”化周邦彦词“私语口脂香”，此处亦指歌声。柳如是作为名冠江南的才妓，她的歌舞技艺定不亚于诗词才情，如陈寅恪先生在《柳如是别传》中写的：“据是可以想见河东君每值华筵绮席，必有一番精彩之表演，能令坐客目迷心醉。盖河东君能歌舞，善谐谑，况复豪饮，酒酣之后，更可增益其风流放诞之致。”

有一点值得注意，“香臂欲抬何处堕，片言吹去若为思。况是口微脂”的叙述视角，不可能是柳如是自己，只能来自陈子龙。也即是说，在第十四首中，柳如是已从自己的视角写了人丛中的陈子龙，而此阕中，柳如是又从陈子龙的视角写了人丛中的自己。这便也是第十四、十五两阕小令，与其余十八首的不同之处，后者摹写的诸多情景中皆只有“她和他”，而前者叙写的宴集绮席，却是人群中的“她和他”。这便也意味着，这两阕小令实际上追忆的是两人在聚会中的眉目传情。

其十六

人何在？人在石秋棠。好时捉人狂耍事，几回贪却不须长。多少又斜阳。

石秋棠，旧时流连地。此阕追忆两人曾经的嬉戏打闹。用

"狂耍事"来形容当时情形，可以想见两人纵情嬉闹的愉悦。词末回到悠长徐缓的望斜阳而唏嘘中，斜阳依旧，却是时过境迁，人走心凉。

其十七

人何在？人在雨烟湖。篙水月明春腻滑，舵楼风满睡香多。杨柳落微波。

此阕追忆两人春夜中荡舟雨烟湖。春腻滑，化用元稹诗句："锦江滑腻峨眉秀，幻出文君与薛涛。"睡香，一种花卉。明月、睡香、杨柳、微波，春夜中的雨烟湖，舟中相依的人儿，落笔轻柔、雅媚，全是美好的暖色调，春夜的浪漫啊。

其十八

人何在？人在玉阶行。不是情痴还欲住，未曾怜处却多心。应是怕情深。

此阕追忆某处阶亭中的约会。词末的"怕"字道出了婉转、曲折的心绪。此时当值两人分离的前夕，柳如是对即将到来的诀别应已有感知，如陈寅恪先生所道："此首为河东君自言其去住两难之苦况。"然而，"怕情深"却也自呈了爱之深、情之切。

正所谓，情不知所起，一往而深。

其十九

人何在？人在画眉帘。鹦鹉梦回青獭尾，篆烟轻压绿螺尖。红玉自纤纤。

此阕再次回到闺中，摹写两人私密幽欢。青獭尾，獭尾制作的衣帽；篆烟，谓熏香，化宋人赵与仁词“春色醉酴醾，昼永篆烟初绝”。绿螺，螺形的黛墨，画眉所用。此阕中，柳如是再次细细描绘了闺中风物，物无记忆，但“物”所附着的全都是情意、回忆。

其二十

人何在？人在枕函边。只有被头无限泪，一时偷拭又须牵。好否要他怜。

这是《梦江南·怀人》最后一首。柳如是再一次回顾了分手前夕的情景，虽人在枕边，因知分手在即，便已觉咫尺天涯，只能在暗夜中饮泣，悄然拭泪。词末“好否要他怜”，心间或掠过小小的希望，若与他叙说自己心情，他当会疼惜、安慰。但一个犹豫的“好否”，实则是抗拒意。结局已定，怜又如何呢。

“梦”至此，也终于必须醒来了。这二十首小令，前八首中还有愁有怨有不甘，自第九首缴械投降、直面思念以后，在“梦偏多”“夜偏长”的孤寂漫夜中，追忆过往，全是缱绻、缠绵的思念，亦是坦荡的、毫无保留的思念。

望江南·感旧

陈子龙

思往事，花月正朦胧。玉燕风斜云鬓上，金猊香烬画屏中。半醉倚轻红。

何限恨，消息更悠悠。弱柳三眠春梦杳，远山一角晓眉愁。无计问东流。

后来，陈子龙读到《梦江南·怀人》后，写下了这阕《望江南·感旧》。从此词可看出，每个字、每个词、每个场景，如“往事”“朦胧”“云鬓”“画屏”等等，都是在回应柳如是，又更将柳的名字藏于“弱柳三眠春梦杳”中，遥想她眉宇微蹙，相思难眠。

万般思念在句词间流泻，终又收于词末的“无计”，陈寅恪先生就此评道：“观卧子双调《望江南·感旧》词结句云‘无计问东流’，可以推知其得读河东君此二十首词后，所感恨者为何如矣。”

《梦江南·怀人》记录了柳如是最为苦情的那段时日，从这组词中我们亦能获知，这位两度入虎狼地，辗转奔走、竭力营救丈夫的泼辣妇人，这位散尽家财资助抗清义军的“侠姝”，也曾这般的儿女情长，缠绵悱恻，为伊憔悴、彻夜泪流。

陈子龙殉国，柳如是与他的前尘旧情，也终于彻底留在了他忠于的大明王朝。他的名字亦牢牢刻在柳如是前半生的情史中，永不磨灭。而柳如是的后半生，将与南明抗清历史紧密联系在一起。

陈子龙若泉下有知，一定会欣慰的。她永远是他倾尽心力爱慕的那个女人。她从未改变。

第十一章

永历纪事（上）

春王正月史仍书，上日依然芳草初。
白发南冠聊复尔，青阳左个竟何如？
三杯竹叶朝歌后，一枕槐根午梦余。
传语白门杨柳色，桃花春水是吾庐。

——钱谦益《己丑元日试笔》其一

1 中兴曙光

从1644年始,中国一直存在着两个纪年法。一为清廷与降清者的纪年,一为抗清义师及明遗民群体的纪年。至1647年,被清廷基本平定的中国北方,已进入顺治四年了,而在中国东南、西南的部分地域,则是永历元年。

一代名士陈子龙倒在了永历元年，但因了新政权的建立，明宗室“神器”得以延续，抗清义师再次奋起，奉永历正朔。而随着金声桓、王得仁、李成栋等降清将领的陆续反正，及郑成功海上军团在东南的扩张，复明大业日暮途穷之际，却又柳暗花明，出现了转机。

永历二年（1648）正月，统辖江西全省军务的江西总兵金声桓、副总兵王得仁在江西叛清归明，两人自呈反正缘由为“劳苦功高，不惟无寸功之见录，反受有司之百凌。血气难平，不得已效命原主。”（徐世溥《江变纪略》）吐出了绝大多数反正将领的心声。

金、王反正，奉永历为君，消息传出，大江南北闻风而动，掀起了反清的狂涛巨浪。

康熙九年（1670）《麻城县志》载：“顺治五年，江西金声桓据省城反，风闻江北，周承谟等因从北乡倡乱，连延东南山以及英、霍山谷，揭竿啸聚。”

《南疆逸史》卷四十八载：“戊子春正月，江西金声桓来归，九江以东，望风趋附。”

《太湖县志》载：“时金逆突起，大江以南望风披靡。皖属安危在呼吸间。”

学者司徒琳在《南明史：1644—1662》中如此评价金声桓等人的反正：“他的归明影响深远。不仅江西的忠明人士纷纷而起，而且远至湖广西部及福建沿海一带的官员也都开始背清向明。湖广东北部结寨自保的人再次活跃，远在长江下游无为等地的同情复明事业者攻击清军各据点，甚至河南东北部这样的战略要地也抓到了金声桓所派煽动起事的间谍……”

但金声桓等人的反正影响最大的，是鼓舞了广东提督李成栋的归明。

李成栋，早年追随农民军首领高杰，后降明，官至总兵，弘光元年（1645）再率部降清，受命进攻江南、福建、广东，官至广东提督。永历二年（1648）四月，李成栋获悉金声桓反正，立即予以响应，中旬在广州发动兵变，宣布归明。广东全省本就在李成栋掌控中，逢他揭竿起事，各州官员便纷纷附和。这样一来，永历朝不费丝毫之力便将广东收入囊中，顾诚先生这么形容永历朝得知李成栋来归时的兴奋："当时，永历朝廷正处于艰难窘迫之中，广东全省和广西已失府州的突然反正简直是喜从天降，开初都不敢相信，经过几天的探听……永历君臣才解除了顾虑，顿时一片欢腾，收拾逃难行装，准备重整河山了。"

狂喜之中的永历帝下诏，封金声桓为昌国公，封李成栋为广昌侯。

而在东南海域，郑成功自1646年出走郑氏家族、自立门户后，迅速招兵买马，扩张势力，他又以任人唯贤和严格的军事化管理为人称颂，如顾诚先生所言："正是由于建立了极为严格的军事组织和纪律，郑成功才成为一位真正的统帅，而不是虚有其名的盟主。"至1648年，郑氏军团也已具相当规模，成长为一支在东南海域对清廷极具威慑力的劲旅。

永历二年（1648），永历政权建立的消息传至军营，郑成功激动莫名，率部众设香案、整衣冠，望南而拜，宣称"吾有君矣!"（《台湾纪行》）自隆武帝殉国、与父决裂、母亲亡殁后，郑成功自称"昔为孺子，今为孤臣"，拒绝了浙江鲁王政权的招揽，如孤魂般游荡在东南。从此，在他余生的复明大业中，他皆奉永历正朔。永历帝封郑成功为漳国公。

不久，一直在浙江从事抗清活动的鲁王政权，宣布取消

"监国"名号，来归永历，余部由郑成功统率。至此，郑成功为代表的原隆武政权、鲁王政权，皆归顺于永历政权。从此，自北都沦陷后一直在中国南方存在的多个抗清政权林立甚至对峙的局面结束了。中国西南腹地、东南海域成为永历朝抗清的两大阵地。

见盛集陶次他字韵诗重和

钱谦益

枪口刀尖取次过，锒铛其奈白头何。
壮心不分残年少，悲气从来秋士多。
帝欲屠龙愁及我，人思画虎笑由他。
端居每作中流想，坐看冲风起九河。

两度历劫，死里逃生，以及陈子龙、黄毓祺等故交义士的相继殉国，一桩桩一件件，无法不在钱谦益心中掀起狂澜。在与友人盛集陶的唱和诗作中，钱老言"壮心不分残年少"，又开始蠢蠢欲动了，真真是老骥伏枥，"贼"心不死。

若说此前资助黄毓祺，钱老还略有些谨慎，此次历劫归来，他和柳如是便已下定决心，加入抗清阵营。

钱谦益通过门生瞿式耜，联络永历政权，希望能为之效力。在与瞿的密信往还中，钱老为永历朝筹划了一系列的军事策略。概言之，为“全着”“要着”“急着”。“全着”即建议收复襄阳、荆州，以此为据，平定江南，再依恃江南的富饶，逐次推进北伐。“要着”则建议重兵经遵义入川，占领巴蜀，此战略地位可起到“上可以控扼关、陇，下可以掇拾荆、襄”的作用。“急着”也是最关键一着，钱老从金声桓、李成栋等重要武将的反正看到了希望，因此建议积极策反，壮大抗清力量。

钱老此番振作，令人想起崇祯朝败亡前夕，他上呈的谋略《请调用闽帅议》。这是他在崇祯朝最后一次试图有所作为，可惜几天后紫禁城便沦陷了。若说仕宦十数载，钱谦益屡次沦为党争的牺牲品，从未有机会施展胸中抱负，此次因了大学士瞿式耜的引荐，他似有机会一展雄图。

在向永历帝上奏的《报中兴机会疏》中，瞿式耜写道：“臣同邑旧礼臣钱谦益寄臣手书一通，累数百言，绝不道及寒温家常字句，惟有忠躯义感，溢于楮墨之间。盖谦益身在虏中，未尝须臾不念本朝，而规画形势，了如指掌，绰有成算。”瞿式耜在永历帝面前积极为老师说项。

瞿式耜有拥立之功，永历帝也不得不给他三分薄面，外加密信末尾，钱老又痛心疾首地鞭挞了自己之前的变节：“若谦益视息余生，奄奄垂毙，惟忍死盼望銮舆拜见孝陵之后，槃水加剑，席稿自裁。”史载，永历帝接受了钱谦益反正的诚意，授意他联络东南。

从此，钱谦益算是彻底反正归明了。其后，他多次拖着七十岁老人的衰朽之身来往奔波在东南一带，试图以己尚存的威望和关系网，尽力策反更多的降清人士归明，壮大抗清力量。史家将他的动机称为“思欲晚盖”。

纵观钱老一生，会发现他是个特别有意思的老头。钱老曾是东林党魁首，在名望上还稍胜陈子龙领衔的几社一筹，他亦与陈子龙一样接受的是正统的儒家文化教育，但他在降清时几乎也是义无反顾的，连他最爱的柳如是以此发难都无效，最后也愿意忍着夫妻反目的风险北上为清廷服务。而当他发现供职清廷也未能有机会施展胸中韬略，便迅速引疾南归，外加之后两度的牢狱之灾，他便从一个诚心归附者变成抗清斗士。

若想起之前的变节，恐怕钱老自己都会认为那是一念之差的“一失足成千古恨”，但若时光倒流，钱老的变节也是必然的。因为他本质上和陈子龙不是一样的人。陈子龙忠于的是真正的大明王朝，而钱谦益忠于的是大明王朝中的自己。仕宦十数载，钱谦益连番挫败、受诬陷，但从未丧失建功立业的雄心。然而他忠于的王朝从未给他这个机会，因此他转向清廷。待发现在新朝中他仍无施展抱负的机会，而在永历朝能获得这样的一席之地时，钱老立即投入了轰轰烈烈的人生使命中。

当然，这一切一切的背后，都有一个身影，柳如是。史料阙如，无法细细梳理出柳如是对钱老的影响，但依常理而言，本有红袖添香夜读书，又晚来得女，虽然世情汹汹，但一家三口也安乐和睦，若没有来自柳如是的鼎力支持，一个七十岁的老头未必就有如此的能量和胆魄。

钱老归里后曾有诗写柳如是："争得三年才一笑，可怜今日与同舟。"可以想见他的变节使他在面对柳如是时的羞惭，这也是他"思欲晚盖"的重要原因。

金声桓、王得仁江西起事后，面临的第一个问题便是"向何方进兵"。经商议，王得仁率军北上，二月初，义军进抵九江，九江总兵率部开城迎降，紧跟着，湖口、彭泽等地均被迅速拿下。值此，九江一带，湖北、安徽等地义军多有响应，一时间，南方反清风潮如火如荼，形势一片大好，清廷谓"贼势浩大"。

占领九江后，下一步何去何从，义师内部出现异议，有人建议顺长江东下，进袭南京。史家顾诚是颇为赞同这个方案的，他写道："金、王主力北进可以同武昌至南京之间的广阔地区的复明势力连成一片，对清朝对南方的统治必然构成极大的威胁，清廷由北京遣发的援军也不可能顺利进入江西。"（《南明史》上）但也有人建议南下进袭赣州，且这一方案被最终议定。如此一来，"在长江中下游会合各地义师共图恢复"这一被顾诚先生评价为唯一正确的方针就这样胎死腹中。

三月，金声桓率军二十余万，水陆并进，直犯赣界……但不论义军东袭南京还是南袭赣州，都不能指望永历朝君臣给出任何有建设性的参考意见。他们的心思不在此处，他们有别的事要忙。

若说曾经的弘光朝君臣忙于党争、忙于鉴别弘光帝的血统，现在的永历朝君臣在忙什么呢？

忙着跑路。

2 围剿永历

自崇祯十七年（1644）北都沦陷，中国南方相继建立了三个主要的南明政权。每个政权因皇帝性情不同，又各有特点。

弘光政权，公元1644年五月至1645年五月，即位者为福王朱由崧，乃万历皇帝之孙，也是万历帝最爱的孩子朱常洵之子。朱常洵为万历帝和郑贵妃所生，两人生前费了老大的劲想把小朱扶上太子宝座，万历帝为此和朝臣怄了十数年的气，坚持不上朝，可惜纵使这般，以东林党为首的臣僚也未就此从了他。

万历帝没辙了，为了补偿爱子，便封他为福王，赐良田高达四万顷，还给了四川茶盐专卖权，构成了史家所称的“福王之国”。这样一来，福王的人生使命便很悲惨地只剩吃喝玩乐、花天酒地了。当大顺军攻进福王府时，他已经把自己吃成了一个近三百斤的大胖子后被大顺军宰杀了。

弘光帝朱由崧继承了父亲的这一德行，吃喝嫖赌样样精通。政权建立初始，他便忙着给自己选妃充纳后宫，弄得朝廷上下乌烟瘴气，江南一带凡有女儿的人家皆人心惶惶，因此弘光帝也是三位南明皇帝中口碑最差的。

隆武政权，公元1645年六月至1646年十月，即位者为唐藩朱聿键，为朱元璋第二十二子朱桱的八代孙。与另外两位南明皇帝比，朱聿键在谱系上离崇祯帝最远，循例轮不到他即位的。只是到此时，明宗室的成员被剿灭得差不多了，剩下的也多在流离颠沛，一时间也难以找到，本着“神器不可久旷”的原则，大明追随者匆匆拥立隆武政权。

但这个唐藩朱聿键却是三个南明皇帝中口碑最好的，生活刻苦，性格刚毅，见识不凡，从他能感召郑成功这样一位性情中人便可看出他的人品，顾诚先生评其为“在明朝藩王中确实是位鹤立鸡群的人物”，因之隆武朝便没有弘光朝那些荒诞事。隆武帝确想继承先祖遗愿，收复大明江山，有一番大作为，无奈困于时局，最后也未能善终。

永历政权，公元1646年十一月建立。即位者朱由榔，乃万历皇帝之孙，桂王朱常瀛第四子。这也是为人所知的明宗室仅存的血统了。这位永历帝据说长相颇似他爷爷，英俊神武，但空有一副架子而已，用瞿式耜的话说，“质地甚好，真是可以为尧、舜，而所苦自幼失学，全未读书”。这个永历皇帝也拥有一个“最”，他是三位南明皇帝中胆子最小的。因此这个朝廷建立之初，便自带了永历帝的性情特点，那就是一闻风吹草动，掉头就跑。

1646 年十一月，永历帝在广东肇庆登基。1647 年年初，清军攻入广州，永历帝闻之，便于一月下旬慌忙从肇庆逃离，二月初抵达梧州，再转去桂林。

1647 年六月，清军进攻桂林，永历帝再次出逃，逃至湖广西南深山中的武冈。

九月底，清军又进攻武冈，永历皇室继续朝西南逃亡，十一月抵达广西中部的柳州，再由勋臣陈邦傅护送至南宁。这年年底，永历帝终于答应了瞿式耜的恳求，移跸桂林。1647 年整一年来，永历帝如惊弓之鸟，饱受惊吓和长途跋涉之苦，兜了一圈后，又回到了原处。

永历皇室这种动不动就跑路的习惯，自动将朝廷陷于孤立，与民众隔绝，没人会信任这个政权。如大学士瞿式耜所感喟的：“今移跸者再四，每移一次，则人心涣散一次。人心涣而事尚可为乎？”但是，跑路成性的永历帝依然停不下逃亡的脚步，1648 年上半年，永历皇室一直在湖广西南部及广西东部辗转跋涉。直到五月后朝廷陆续收到金声桓、李成栋相继反正的喜讯，才再度移跸肇庆，“还都”永历帝的登基之地。

永历二年（1648）三月十九日，金声桓大军兵临赣州城下，派人招降城中守军。城中主将虽人数远少于金军，却也依恃赣州三面环水、易守难攻的特点而拒降。双方相持了些时日后，赣州守军趁金军不备，发动小规模奇袭，金军遭创，这让金声桓误以为城内守军众多，便命王得仁率部增援。

四月初，援军抵达，金、王再次率部对赣州发动猛攻，久攻亦无成效，遂激发了武将的好胜心，金、王决意“重挖深壕、重筑营城，层层围困，意在不克不休”。（《明清档案》）

但正当他们热情洋溢地挖壕筑营时，清军却突袭金、王的大本营江西。这是金、王大军紧跟着进袭赣州的决策失误后，又一次的战略失误，顾诚先生分析道：“金声桓指挥围困赣州的兵马肯定超过城内清军，王得仁的率部增援不仅毫无必要，而且造成了赣北防守力量的严重不足。”这样，清军长驱直入江西。

四月下旬，清军进攻九江，月底，九江陷落。五月初，清军进袭南昌。金、王闻言，不得不从赣州城下撤军，回保老巢。五月下旬，大军终于赶回南昌。然后，清军对南昌城内的金、王部众，重演了其围困赣州的一幕。

金、王固守南昌,清廷则漫不经心地清理了南昌外围的所有义师,将南昌团团围困,使其孤立,又强迫数以万计的乡民沿着城外围挖沟掘壕。南昌明军多次突围,亦不成功,再被逼回城内。困守日久,城内粮草告罄、断饮断炊,以至杀人而食。如此迁延至永历三年(1649)年初,清军攻城,此时城内守军早就饿得只剩一口气了。

南昌陷落,清军再一次发挥他们的绝技:屠城。

再看李成栋。广州反正后,李成栋观望许久,终于也决意率军进袭赣州。史载,大军"旌旗器仗焜耀一时,所携粮饷、弓刀、铳炮、火药等不可计数。其气壮,意在必得"。(鲁可藻《岭表纪年》)

十月,李成栋大军兵临赣州城下,数次交锋后,赣州守军凭恃地理优势,险胜,李军退至安南,李成栋独返广州。这亦是李军的重大战略失误,顾城先生分析道:"李成栋第一次进攻赣州失利是由于既不知己也不知彼,开战以前还没有做好充分准备就以气吞万里如虎之势直薄赣州城下立营猛攻;失利之后又过高地估计了赣州清军的力量,没有组织手头兵力继续进攻。"

李军在修整之际,赣州守军也缓过来了。次年春,李成栋率军再图赣州。败。李成栋坠马溺毙。

一个赣州,轻轻松松解决了两大将领。而从 1648 年年初至1649年春，金声桓、李成栋等人的反正带来的中兴曙光，也就此熄灭。

一年前金、李等人的相继反正，致使大江南北的反清浪潮风起云涌，战火甚至烧到了北方，如山东、山西、陕西等地，均有义师揭竿起事。一时间，反清运动如烈火烹油般，复明确似有了希望，如顾诚先生分析的："金声桓、王得仁领导的江西反清在南明史上是一个比较重要的事件。不到两个月广东又发生了李成栋反正，本已走到山穷水尽的永历朝廷转眼间顿觉柳暗花明，中兴有望了。"(《南明史》上)

是最好的机会，也是唯一的机会。在这一年中，永历朝廷还都肇庆，处于李成栋部众的保护中，虽然没再忙着跑路，但又忙着各种窝里斗各种争权夺利但无一与大局相关。于是，几乎是天赐良机的这一年，就这样被轻易断送了，许多史家对此表达了惋惜之情。

顾诚："1649年春天，永历朝廷经历了一场中兴的幻灭。正月，何腾蛟在湘潭被俘杀；金声桓、王得仁在南昌覆亡；三月，李成栋兵败身死。"(《南明史》上)

司徒琳："于是在一个多月的时间内，一年前永历朝忽然复振所主要依赖的金、何、李三人，都从世上消失了。"(《南明史：1644—1662》)

魏斐德："南明的复兴只是昙花一现。"(《洪业：清朝开

国史》)

永历朝试图重新恢复对广东的控制,所有努力均告失败。永历四年(1650)年初,皇室惊惶不定,决意再次出逃。瞿式耜上疏道:“端州(肇庆)为皇上发祥之地,忍弃而不顾乎?且东失而西孤,又万分不容不兼顾乎?”(《瞿式耜集》)但皇室已经两股战战,无暇旁顾了。

二月,皇室逃离肇庆,前往梧州。年底,清军从东、北两侧夹击梧州,永历闻之,又一次出逃,“溯西江而上”(《粤行纪事》)。从此,永历皇室便一直在逃亡中,且逃亡路线越来越偏僻,再没回到过建都之地肇庆。

3 绛云楼失火

赠若芷大家四首

柳如是

其一

节比青陵孝白华,斋心况复事毘耶?
丹铅点染从游戏,只似诸天偶雨花。

其二

旃檀云气涌香台,莲漏初残贝叶开。

丈室扫除容宝座，散花天女故应来。

其三

晕碧图黄谢物华，香灯禅板道人家。
中庭只有寒梅树，邀得仙人萼绿华。

其四

鸥波亭向绛云开，沁雪虚庭绝点埃。
墨竹数枝香一缕，小窗留迟仲姬来。

这一组诗的写作时间具体无考，依据此诗作的受赠者芷若（黄媛介）的行止推测而言，当至少在 1646 年以后。因为 1644 年八月钱谦益入仕弘光朝，柳如是亦携黄媛介同往。次年清军南下，南都破，乱离之中，黄媛介遭清军劫掠，当她后来侥幸归还，该是相当一段时日以后了。

黄媛介在《离隐歌序》中言及被劫一事，她写道：“乃自乙酉逢乱被劫，转徙吴阊，羁迟白下，后入金沙，闭迹墙东。虽衣食取资于翰墨，而声影未出于衡门。古有朝隐、市隐、渔隐、樵隐，予殆以离索之怀成其肥遁之志焉。将还省母，爰作长歌，题曰《离隐》。归示家兄，或者无曹妹续史之才，庶几免蔡琰居身之玷云尔。”

此段话简单叙述了被劫及归来这中间的种种辗转、流离，亦透露出一个重要信息，黄媛介虽然最终回到朋友、亲人中间，但在她被劫期间的遭遇不但没有引人同情，反而因她很可能名节被污而遭到众人的嫌弃。文中所引蔡文姬典故，便意在如此。蔡文姬初嫁于卫仲道，夫死归里，后被匈奴左贤王掳走，并生养两子，直至十二年后，曹操统一北方，才将其重金赎回。

为了维护家人所谓“清白”，黄媛介不得不远离家庭，闭迹墙东，卖文鬻画为生。不仅遭到至亲的冷眼，在朋友中的待遇也没好到哪去。黄媛介素来与上流社会的名媛闺秀圈有频繁的诗歌交流，但自她历劫归来，这个闺秀圈对她的态度就显得暧昧了，比如有人在赠她的诗中意味深长道“始信当年女校书”。自唐诗人王建赠薛涛诗：“万里桥边女校书，枇杷花里闭门居。扫眉才子知多少，管领春风总不如。”“女校书”一词便是才妓的代称……

在这个背景下，柳如是的这组诗便显得尤为用心良苦。

第一首中，青陵，引韩凭妻何氏青陵台殉情之典。相传战国时韩凭之妻何氏，貌甚美，为康王觊觎，后夺之，韩凭自经，何氏亦于青陵台殉情。百华，即《诗经·白华》篇，述为人子的孝养之心。昆耶，佛教用语。此诗首句赞黄媛介的节孝，后三句赞其禅理造诣。

第二首中，旃檀，檀香；莲漏，古时的一种计时器；贝叶，佛经。此诗继续摹写黄媛介潜心向佛诸事。

第三首中，萼绿华，道教中的女仙，南朝梁陶弘景在道教典籍《真诰》言此女仙“自云是南山人，不知是何山也。女子年可二十上下，青衣，颜色绝整，以升平三年十一月十日夜降羊权。”此诗再赞黄媛介精湛的禅理造诣，并将她比作超逸越尘的出世女仙。

第四首中，此诗叙写两人在绛云楼的书画诗词的生活，一帧日常小景，亦传达出两人间浓淡相宜的友情。鸥波亭、沁雪，皆为元朝赵孟頫旧蜀之物；仲姬，为赵孟頫之妻管道升。

之所以细细将这一组诗摘录，分解、阐释，因为在我看来这一组诗并不是普通的赠诗。黄媛介历劫归来，作为一个战争的受害者，她因自己被侵害而众叛亲离了。那个时代，名节对一个“良家”女人的重要性，是现代人难以想象的。

黄媛介虽少女时便与杨世功订下婚约，但因杨家贫窘，连黄媛介的家人都看不下去，恰逢复社领袖张溥上门求娶，父兄都极力撺掇，黄媛介却坚辞。仅此一事，便可看出黄媛介虽然婚后困窘到要浪迹江湖、卖文为生，但她对自己“良家”的身份是异常看重的。这也是她能自由出入上流社会闺秀诗人圈的通行证，而那个世界的大门，也是永远对柳如是关闭的。

黄媛介遭劫之后，在亲朋眼里，她从“良家”变成了“女校书”，可想而知黄的心情。而在这一组赠诗里，除了表达常规的欣赏、书画之谊，还有两个重要特点，其一，将黄媛介比作萼绿华，这与其说是赞美，不如说自呈心意，也许在别人眼里，黄已经变成“女校书”，但在柳如是的眼里，她宛若萼绿华。其二，柳如是的良苦用心更显在她所引的赵孟頫之典。赵孟頫，历史上一个著名的“贰臣”，本为宋人，南宋亡后为元朝重用。不论钱谦益的变节，还是黄媛介的失节，都可视作“仕清”，柳如是作为一心一意的反清“匹妇”，在此愿引赵孟頫之典，是再次剖白自己心意，她一点也不介意黄媛介的过去，她们的情谊一如往昔。

如此巧妙而婉转地表达自己的想法，给友人慰藉，却又同时照拂到友人的自尊心，不让其感觉在被同情或施舍。怎一个玲珑慧心了得！

遗憾的是，不久之后，柳如是所云“鸥波亭向绛云开”中的绛云楼便沦为废墟。顾苓《河东君小传》载：“庚寅冬，绛云楼不戒于火，延及半野堂，向之图书玩好略尽矣。”

钱老穷尽毕生心血收集的藏书包括许多珍贵典籍、绝版书目，其中还有钱老最为重视的为修明史搜求的所有资料，一切均付诸大火。钱老捶胸顿足，喟叹道“甲申之乱，古今书史图籍一大劫也。庚寅之火，江左书史图籍一小劫也”。（钱谦

益宋版《汉书》跋）

1644年，清军入关导致的甲申之乱，无疑也是一场文化灾难，如张岱自述绍兴家中三万藏书的遭遇："为方兵所据，日裂以吹烟，并舁至江干，籍甲内挡箭牌，四十年所积，亦一日尽失。"（张岱《陶庵梦忆》）所以钱老谓"古今书史图籍一大劫"。而现今，一场大火不仅烧掉了钱老毕生心血，也烧掉了江南读书人心中的期冀。

永历四年（1650）年初，黄宗羲再度拜访绛云楼，除了与钱老、柳如是商议复明之事，又与钱老定下三年读书之约。可此后不久便发生了庚寅大火，三年读书之约遂成幻梦。黄宗羲忆及此事，也不禁扼腕，如他后来在《天一阁藏书记》中写道的："庚寅三月，余访钱牧斋，馆于绛云楼下，因得翻其书籍，凡余之所欲见者无不在焉。牧斋约余为读书伴侣，闭关三年，余喜过望，方欲践约，而绛云一炬，收归东壁矣。"

绛云楼藏书范例对后世的影响，严佐之先生在《近三百年古籍目录举要》中分析道："人赖书传，书赖目传。钱牧斋开清季虞山藏书风气之先河，他藏书为读书、藏书讲究版本的特点，对虞山几代藏书家的藏书乃至目录、版本研究都有深刻影响。"然而，钱老所有藏书毁于一旦，后来的学者若做相关研究，均只能依凭钱老留下的《绛云楼目录》来做参考了。

数年后，钱谦益在《金陵杂题绝句》二十五首之十三中亦再次言及绛云楼火灾。

人偁阳秋家汗青，天戈鬼斧付沉冥。
赤龙重焰蕉园火，烧却元家野史亭。

此时，钱老自知已经时日不多了，不断在回忆中钩沉往事，回顾自己的种种经历。钱老一生饱经磨难，但作为书痴，眼睁睁看着一生珍贵收藏在大火中化为灰烬，或才是最为摧心的痛。此恨绵绵无期，时隔多年后，依然在胸中滚烫着灼烧着。

史载，绛云楼火灾之后，钱老和柳如是携女移居红豆山庄。

然而永历四年（1650）这个冬天，对钱谦益对柳如是，注定亦是一个多事之秋。若说绛云楼失火，已然是夫妇俩的锥心之痛，可命运并未就此收手。

这年年底，一封讣信抵达常熟。瞿式耜，钱谦益反正归明的引荐者，与钱老有着“出入患难四十年”（吴伟业语）的师生情，于这年十一月殉国，终年六十岁。

永历四年（1650）年初，湖南何腾蛟、江西金声桓、广东李成栋相继败亡，永历皇室亡命梧州。大学士瞿式耜拒绝随皇室“移跸”，独自率残部留守桂林。

此时，南明中兴曙光熄灭，清廷业已度过了持续一年的南北反清浪潮的危机，举目中原，再无有力的掣肘，便开始有条不紊、大规模集结军队，稳步南下，对明军进行有序剿杀。清廷派出定南王孔有德、靖南王耿仲明、平南王尚可喜围剿永历。其中，孔有德由湖南向广西进袭，耿仲明、尚可喜则由江西入广东。

十一月，桂林失陷，瞿式耜等守将被俘。监禁数日，连番严刑拷打，瞿拒降。不久，瞿式耜遇难。

浩气吟

瞿式耜

已拼薄命付危疆，生死关头岂待商。

二祖江山人尽掷，四年精血我偏伤。

羞将颜面寻吾主，剩取忠魂落异乡。

不有江陵真铁汉，腐儒谁为剖心肠。

收到讣信，钱老老泪纵横，悲痛欲绝，挥毫题诗《哭稼轩留守相公诗一百十韵》，诗长千余字，泣叙瞿式耜六十年生命历程中的忠明之心，以及生平功业。

不久，钱老又在悼文《瞿留守赙引》中从战略上分析了瞿式耜殉难、桂林失守给南明带来的重创：“于斯时也，有劳人焉，奋半臂以回天，百身枝柱；援弱毫而画日，八载拮据。移象纬于岭边，区分禹迹；整权舆于规外，分展尧封。风动滇云，星连越峤。侠毂则黄依邕管，稽首翠华；飞笺则庸蜀匡髳，输心赤伏。运蜀相之筹笔，呕血醉辛；佩李公之靴刀，誓心赤苦。”

1644 年，瞿式耜由弘光帝任命，巡抚广西。广西地处中国西南一角，偏安蛮荒，王朝太平盛世时或不足挂齿，但在北地尽失，中国南方亦在清廷逼迫下日渐穷蹙时，西南腹地山高水深、易守难攻等特点，恰也成为兵力明显不敌清军的南明义师可资据险顽抗的优势。也正因此，瞿式耜殚精竭虑治理广西，钱老谓其“奋半臂以回天，百身枝柱”，以致使“岭边”“规外”许多荒蛮的少数民族亦有了“禹迹”，钱老赞其伟业“风动滇云，星连越峤”。

1646 年十一月，瞿式耜获悉隆武帝遇难，为延大明国祚，当机立断，拥立明桂王朱由榔登基，成立第三个南明抗清政权，中华大地义军的向明之心就此才又有了着落。可是，自桂林失陷，中国南方残存的抗清力量和阵地越发狭窄。

年底，永历皇室逃至广西南宁，短暂休憩后，清军追剿随即而至。永历五年（1651）秋，皇室被迫从南宁出逃。此次“移跸”该何去何从，永历朝廷出现了争议。比如远在常熟的钱谦益力荐皇室转至东南沿海，因为在那里能得到郑氏军团的护驾，或还有东山再起的机会。可是从西南到东南，沿途、沿城全是清军布防，永历朝廷一路奔命，此时气息奄奄，根本没有可能穿越“火线”。

所以，虽说是“争议”，实际上皇室除了一路向西，已经没有选择的余地了。永历六年（1652）冬，永历朝廷在清军的一路追剿中，逃至云贵交界，进入孙可望的地盘。其后四年，皇室一直处于孙的“庇护”中。

孙可望，从前与李自成齐名的农民军领袖张献忠的部下，一度随张献忠盘踞四川。张死后，孙可望率部转战云贵，并在此开疆拓土，逐渐发展为当初郑芝龙一般的一方军阀，麾下部众十万余人。史家对孙可望其人的评价争议颇大，有说他对永历帝的控制，不过是另一出“挟天子以令诸侯”，有说他其实有心与永历朝联手，共同对抗清廷……

但不论如何，如今的永历朝廷竟由当年迫得崇祯帝自经的王朝劲敌农民军全面“接手”，表明自弘光帝登基以来，南明三大政权一直竭力维持的王朝“体制”，不管就实际情形还是象征意义而言，均已全方位崩塌。

至此，中国南方仍然活跃的两股反清力量，一为西南腹地的农民军残部，一为东南海域的郑氏军团。这两股抗清力量的共同点是，均是在大明王朝正规体制外发展壮大的军事组织。若在和平时期，不论农民军“流贼”，还是郑氏的活跃海上的半海盗性质的军团，都会是王朝的剿灭对象。而此时，在南明抗清的最后十年中，他们反而撑起了王朝复兴的最后一线希望。学者司徒琳评价道：“迄今为止，所谓‘明朝’，在很大程度上有其体制上的意义；而在现在这种形势之下，此一意义丧失了。‘明朝’所代表的，毋宁只是一种精神——坚持抵抗外来势力侵略与控制的精神。”

庚寅人日示内

钱谦益

其一

梦华乐事满春城，今日凄凉故国情。
花熠旧枝空帖燕，柳燔新火不藏莺。
银幡头上冲愁阵，柏叶尊前放酒兵。
凭仗闺中刀尺好，剪裁春色报先庚。

其二

灵辰不共劫灰沉，人日人情泥故林。
黄口弄音娇语涩，绿窗停梵佛香深。
图花却喜同心蒂，学鸟应师共命禽。
梦向南枝每西笑，与君行坐数沉吟。

庚寅，也即公元1650年。光阴无情流转，一年又一年，苍了容颜，白了双鬓，也不疾不徐，以滴水穿石之功、化骨绵掌之力，一点一滴异常耐心地摧折着人的希望。钱谦益一生宦海数度浮沉，最后却落得晚节不保，半生清望毁于一念之间。终了，决意再次奋起，以余生之力抢救自己人生下半场，而“故国”却如水中月镜中花，触之不可及……新年伊始，钱谦益再度想起前尘往事，想起西南苟延的永历政权，不免心生颓靡。

依韵奉和二首

柳如是

其一

春风习习转江城，人日于人倍有情。
帖胜似能欺舞燕，妆花真欲坐流莺。
银幡因载忻多福，金剪侬收喜罢兵。
新月半轮灯乍穗，为君酹酒祝长庚。

其二

佛日初辉人日沉，彩幡清晓供珠林。
地于劫外风光近，人在花前笑语深。
洗罢新松看沁雪，行残旧药写《来禽》。

香灯绣阁春常好，不唱君家缓缓吟。

这组诗是柳如是与钱老的唱和之作。自 1641 年归钱谦益后，柳如是诗作寥寥，再自陈子龙殉难，更是难得见其作品。1647 年以后，柳如是得以流传的仅两组诗，一为《赠芷若大家四首》，再就是这组《依韵奉和二首》。

一失足成千古恨，再回头已是百年身。钱老太明白自己将会受到后世人的审判，因而他在诗歌中，情绪低回，萦绕着种种不能与外人道的羞惭、懊悔，即便是面对柳如是，“与君行坐数沉吟”，那复杂的心绪也未必能消解。终其余生，钱老诗歌中柳如是的身影频频出现，频率之高，怕是整个诗歌历史，都鲜有人能超过。或者，在钱老内心，也有一种惶惑，一个心结，历史怎么看待他，他已了然，然而，他仍会担心他所钦佩的柳如是会因此也看轻他。

柳如是懂得。

和诗里，柳如是韵调明丽，既有新年新气象的鲜艳，也充满着早春时节万物复苏的欣喜，又处处妥帖地照拂着钱老的沉郁情绪。钱老喟叹“今日凄凉故国情”，柳如是安慰丈夫“人日于人倍有情”；钱老谓“梦向南枝每西笑，与君行坐数沉吟”，柳如是和“香灯绣阁春常好，不唱君家缓缓吟”等等。

值得注意的，仍是“沁雪”，此处再引赵孟頫之典，一如对黄媛介的抚慰，柳如是不落痕迹地自呈心意。在柳如是，何尝不知钱老心中的苦楚。错已铸就，无法挽回，历史的归历史，她亦无法左右，但，她能做到斩钉截铁地站在钱老身边。

后来，历史进入乾隆时代，乾隆皇帝因钱谦益的“降而复叛”，没有认认真真地做个“贰臣”，认定他是一个“有才无行之人”，下旨将钱老的一系列作品销毁。因也有说柳如是入清之后鲜有诗词流传，是受钱谦益牵连所致。

若真如此，柳如是黄泉有知，怕也会一笑了之。在她的眼里、心里，从来也没有“清朝”这个词。

第十二章 — 永历纪事（下）

缟素临江誓灭胡，雄师十万气吞吴。

试看天堑投鞭渡，不信中原不姓朱。

——郑成功

1 策反

永历四年（1650）初，黄宗羲赴拂水山庄，与钱谦益夫妇俩商议复明之计。此时盘踞在东南海域的郑成功军团，正在酝酿北伐战略，意欲发动长江沿线战役，问鼎南都。在此关头，倘能在中国南方策反一批清廷官员，作为北伐内应，不啻为事半功倍的上策。

永历初年，钱谦益曾给永历朝上书“三着”战略，主张南方各派复明势力联合，依恃江南富庶，逐步推进北伐。在给朝廷的密札中，钱老亦开过一个南方官员的名单：“江浙提督张天禄、田雄、马进宝、卜从善辈，皆平昔关通密约，各怀观望。此真为楚则楚胜，而为汉则汉胜也。”这些官居要职的骑墙观望派若反正归明，将会对夺取南都的战局产生重要影响。而钱老，若又能亲自参与自己的战略规划，一举复明，不啻为功上加功，钱老自是赴汤蹈火也不会推却的。

黄宗羲与钱氏夫妇反复商酌后，终于敲定了其中一个反正可能性最大的人，浙江金华总兵马进宝。世传马进宝虽一介武夫，但素来喜结交名流，钱谦益这样的文坛祭酒若亲临拜谒，假以时日，循循善诱，游说其倒戈归明也未可知。

五月，钱谦益决意前往金华。

江南一带兵荒马乱，钱谦益又年逾古稀，让他独自外出，柳如是自然是不放心的。若在从前，以她的性情，一定会刀山火海地跟着。只是此时幼女尚在襁褓，更需人照料，柳如是不得不留下。史载，柳如是携女送夫至苏州，并留居拙政园，等待钱老归还。钱老自己亦在诗中提及：

五日钓台舟中

钱谦益

纬缅江山气未开，扁舟天地独沿洄。
空哀故鬼投湘水，谁伴新魂哭钓台。
五日缠丝仍汉缕，三年灼艾有秦灰。
吴昌此际痴儿女，竞渡欢呶尽室回。

此诗写于前往金华途中。

诗中，钱老虽抒发了自己作为遗民的种种孤怀遗恨，但对此次金华之行，亦抱有许多期待。这种正向的、其实有着一厢情愿之嫌的夙愿，从钱谦益的性情而言，与其说出于复兴大明的遗民诉求，不如说他强烈地希望自己能够以实际的、积极的且有良好结果的行动，一洗前耻，从此能够坦坦荡荡以大明遗民自居。

诗歌末联中对柳如是携女候夫归的摹写也表明，钱老金华之行，是得到柳如是全方位支持的。时隔数百年，其中细节已不能厘清，但从钱老寥寥数字的刻画中，亦能看到这样一位妇人：夜色朦胧中，她一边轻摇摇篮，一边不时张望窗外，发怔，直至幼儿啼哭，才从出走的情绪中回过神来，极力隐藏内心的担忧，怀抱女儿柔声低喃，哄她再次入睡……

在那样一个乱世中，这一幕情景当然不止柳如是的闺房内才有。无数个像柳如是这样的“她”，没有站在冲锋陷阵的抗清前沿，但她们都曾许多次承担着同样的惊心动魄：丈夫一去不回，从此在人间消失；自己和孩子亦因此受到牵连……

南明史近二十年，那段动辄被清军屠城的轰轰烈烈的抗清血泪史中，男人女人们的命运大抵如此：男人选择不妥协，女人承担男人不妥协的后果，丧夫、丧子、丧身，等等。

书夏五集示河东君

钱谦益

帽檐欹侧漉囊新，乞食吹箫笑此身。
南国今年仍甲子，西台昔日亦庚寅。
闻鸡伴侣知谁是？画虎英雄恐未真。

诗卷丛残芒角在，绿窗剪烛与君论。

此诗写于从金华返回常熟途中。

钱谦益盘桓金华数日，马进宝虽然表面热忱，反正一事，却始终犹疑，未给正面答复。钱谦益渐渐心灰，生了归意，如他在另一首诗里所言："遥怜弱女香闺里，解泼蒲殇祝我回。"

对于乱世军阀而言，绝大多数都以利益和自保当先，且问心无愧地骑墙、观望，而不似钱谦益这般深受儒学熏染的士子，一步踏错，便会百转千回，饱受良心折磨。

首联有自嘲意，自嘲中亦有愤懑，因认识到马进宝表面热情而实际迂回，是对自己的愚弄。颔联挂念西南永历，"仍甲子""亦庚寅"中饱含殷殷期冀，倒像是擂台上被一拳击倒头晕目眩中对自己的鼓励："我会爬起来的，会的……"颈联的"画虎"化用"画虎不成反类犬"，再次表达对马进宝行径的不齿。末联抒发了与妻女"绿窗剪烛"的期待。

或也正因此次金华之行不尽如人意，钱老的思归之意才更强烈，这就仿佛在外面受了欺负，便很想快点回去跟最亲近的人聊聊这事，在她处得到抚慰和纾解。这种深情或说对柳如是的精神依赖，亦是钱老晚年诗歌的一个特点。

自桂林失陷后，清军沿路进袭，至永历五年（1651）初，清廷相继占领了梧州、柳州、广西诸县，进逼云南。

为抵御清军进攻，永历六年（1652）初，孙可望在完成对永历余部的改编工作和军事部署后，派出两路大军迎战。一为刘文秀，率部入川；一为李定国，奉命出兵湖南、广西。

四月，李定国部由贵州入湖南。五月，李定国部围困靖州。经短暂交战，“清军大败，损失官兵五千一百六十三名，战马八百零九匹，几乎全军覆没”。（《明清史料》）接下来两月，李定国部一路势如破竹，有如神助，迅速收复新化、城步、武冈、新宁等湖南大部分州县。至六月，李定国率部由武冈、新宁进袭广西全州。月底，全歼全州清军。六月最后一天，兵临桂林。双方胶着几日后，七月初四，李定国率部攻城，桂林守军全线溃败。十月，李定国收复广西全省，并将清廷两大亲王斩于旗下，一时间，清朝官员“号天大恸，自国家开创以来，未有如今之挫辱者也”。（《明清史料》）

约两年前，清军攻陷桂林，瞿式耜殉国，钱谦益等人为此悲痛欲绝。现在李定国在数月之内转战千里，陆续收复湖南、广西两省，捷报频传，这使深具沉湘复楚之志却报国无门的大明遗民又一次引颈而望，如黄宗羲所言：“逮夫李定国桂林、衡州之捷，两蹶名王，天下震动，此万历以来全盛之天下所不能有……”（《永历纪年》）而远在常熟的钱谦益和柳如是闻之，金华之行的无果及其后获悉的明军连连败走的阴霾，忽又一扫而空，希望之火再次升蹿。

后秋兴八首（其七）

钱谦益

元戎师律整逶迤，誓旅先期度芍陂。
一柱补天支大厦，九阳浴日选高枝。
名王献馘图新绘，叛帅焚尸檄久移。
薄海儿童知李令，肯教唐史独昭垂。

钱谦益在诗中，将李定国比作唐朝名将李光弼，犹如一柱擎天，在苟安一隅的永历政权即将堕入永恒黑暗的电光石火间，忽地杀出一条血路，力挽狂澜，中兴曙光似又有了希望。

也恰在这段时日，东南海域的郑氏军团牛刀小试，在与清军的多次交战中，击败对手，陆续攻占了福建的数座县城，继而又在对潮州、漳州的围困中，成功牵制了清军在西南、华南的用兵，以致清廷愈发的捉襟见肘，几度遣使欲招降郑氏，以此来缓和南方困局。

其时，活动于中国南方的主要复明势力，西南有刘文秀部，华南有李定国部，东南有郑成功部，这三大军团的分布及战略前景，有清廷官员如此分析道：“但今湖南、川、广处处用兵，力不暇及。且湖南之贼，或由江西，或由广东，皆可通闽，万一勾连狂逞，为祸愈大。”（《明清史料》）清廷预料到，若湖南李定国与福建郑成功联合，后果将不再是他们所能控制的。

这恰也是明军高层的意图，也即李定国先与郑成功会师广东，再与长江下游积极活动的鲁王旧部张名振、张煌言等水师串联，会师长江，进而大江南北勾连狂逞，一并举事。

李定国在写与郑成功的密函中言：“公诚念君德孔厚，父恨深长，则五羊（广州）赤海，伫睹扬帆，半壁长城，中心是贶。否则中兴告成，京观胜纪，而云台香字，千载传流，国姓不预，其何以仰副殊眷而慰此可为之时势乎……”

郑成功回信中亦道：“宸居既云巩固，帝业未可偏安。况中原有可乘之机，胡运值将尽之时，宜速乘胜，并力齐举。不佞既提水陆精锐，收复浙闽，薰风盛发，指日北向……”

此际两军会师在即，东南、华南等地的联络、策反工作再次提上日程。钱谦益在江南素有威望，又与永历朝廷、与郑氏军团两厢关系密切，再一次，他成了最佳人选。

永历六年（1652），钱谦益“迎姚志卓、朱全古祀神于其家，定入黔请命之举”。（沈佳《存信编》）姚志卓为鲁王旧部，朱全古为永历朝兵科给事中，两人以祀神名义，前往常熟红豆山庄，拜见钱谦益夫妇，共商复明之计。史载，姚志卓、朱全古此次常熟之行，亦带来了李定国、郑成功的密函，再请钱老“出山”，且钱谦益与柳如是商议，再次慷慨解囊，资助义军。后来，钱老在诗中回顾了这段往事。

后秋兴八首（其三）

钱谦益

北斗垣墙暗赤晖，谁占朱鸟一星微。
破除服珥装罗汉，减损齑盐饷佽飞。
娘子绣旗营垒倒，将军铁矟鼓音违。
须眉男子皆臣子，秦越何人视瘠肥。

这首诗有两点值得注意的地方。

其一，“装罗汉”。钱老自注：“姚神武有先装五百罗汉之议，内子尽橐以资之，始成一军。”意即，在祀神的幌子下，“内子”柳如是捐资赞助了一支五百人的义军。史载，张名振率部入长江时，“平原将军姚志卓、诚意伯刘孔昭偕其子永锡以众来依，号召旧旅，破京口，截长江，驻营崇明”。（徐鼒《小腆纪年附考》）经史家顾诚先生权威考证，这个“众”便是柳如是“尽橐以资之”的义师。

其二，“营垒倒”。钱老自注：“张定西谓阮姑娘，吾当派汝捉刀侍柳夫人。阮喜而受命。舟山之役，中流矢而殒。惜哉！”张定西，即张名振，从此段话可知，当时活跃于长江一带的南明义军中，除了须眉男子外，还有一支以阮姑娘为代表的“娘子军”。史载，张名振水军经白茆港时，钱氏夫妇曾登船慰问劳军，柳如是或也由此机缘结识阮姑娘，同为“天下兴亡，匹妇有责”的侠姝，想来她们大有相见恨晚之感，双方还开玩笑，由阮姑娘做柳如是的护卫。

从钱老自注看，阮姑娘死于接下来的舟山之役，柳如是与其虽惺惺相惜，却也仅有这一面之缘。柳如是未有片言留下，不知她获悉阮姑娘之死，会有怎样的感触。但在不久之后，她“尽橐以资之”的五百义军亦在攻打崇明的战事中全军覆没。

而在接下来的永历七年（1653）、永历八年（1654），李定国率部两度进袭广东，一为肇庆，一为新会，郑成功出于种种顾虑，战略部署上失当，未能及时接应。广东之役因此死伤无数，终以失败告终，李定国取得的短暂胜利以及他筹谋的广东会师，亦和从前数次的中兴曙光一样，沦为美丽却短命的幻梦。无数人迎着曙光奔去，眼见得却只是海市蜃楼。

黑山黑海，巨浪滔天。那鬼蜮般的充满血腥味的乱世中，一个又一个生命的消失，一场又一场失败的接踵而至，仿佛没有尽头的死亡……没人知道明天在哪里。随着时间流逝，随着希望之光的远遁，或许对抗清义士而言，“明天”已不再重要，他们反倒越发镇定从容。

复明之役，死亡之战，纵无丝毫胜算，不过是尽本心尽本愿。

伏波弄璋歌（其六）

钱谦益

充闾佳气溢长筵，孔释分明抱送年。

授记不须寻宝志，老夫摩顶是彭篯。

此诗写于永历八年（1654）。

广东会师虽然失败，李定国率残部败走云南，但东南郑氏军团实力尚存，北伐南都和长江会师的计划仍在议定中。永历八年，趁金华总兵马进宝四十寿辰且膝下添子之际，钱谦益以拜贺为由，又赴金华，再一次试图进行游说。此次金华之行，劳顿数日，虽仍未从马进宝处得到确实、肯定的表态，但马进宝的态度似已有所松动。

其后几年，钱老不顾年迈，多次奔波往返于虞山老家、金陵、苏州等地，表面以文学交游为名，联络江南义士，从事反清复明的政治活动，其间留下了许多觥筹交错间的交游、唱和之作，因均为掩人耳目而写，读来不免流于矫饰、浮夸，唯有写给柳如是母女的，流泻着一种自然的神情。

乙未除夕寄内

钱谦益

赪尾劳劳浪播迁，长干禅榻伴僧眠。

鱼龙故国犹今夕，鸡犬新丰又一年。
瓦注腊醅村舍酒，柴门松火佛前钱。
团圞儿女应流涕，老大家翁若个边。

又是一年除夕夜。只是这一年的新年，钱谦益不能如期赶回虞山与妻女团圆，只能留滞外地某寺，与寺内老僧枯灯对坐，万端感慨而已。乙未，即1655年，从1641年结缡至今，柳如是来归钱谦益已经十多年，女儿也已七岁了。岁岁年年，四季流转，自然天道中蕴藏的某种似无为又兀自圆润的节奏，有时或会给人一种错觉，女儿兀自长大，自己与妻子兀自老去，似乎生命也因此兀自慵懒地丰厚着、瓷实着。但这表面的静寂恒定、丰厚瓷实中，又处处酝酿着惊心动魄、物是人非。

“故国”，在钱老晚年诗歌中是一个频繁出镜的意象。都已说是“故”国，说明国已远逝，却又说“故国犹今夕”，这中间的矛盾亦隐含一种强挣之意。其时，钱谦益距离去世不过八九年光景，亦知自己年岁渐高，时日不多矣，因之亲手将自己充满争议的人生盖棺论定的意愿愈发强烈。他深悉恢复声名的路径只有一条：成为复国功臣。而希望与现实的落差、永历政权日渐无望，又每每让他痛楚、摧心不已。

2 北伐

永历九年(1655)冬,七十八岁的汪然明去世。

消息抵虞山,钱谦益捉笔,为这位故交撰写墓志铭。于情于理,钱老深知自己义不容辞。墓志铭自须遵循套路,徐徐回顾逝者一生,不偏不倚,说的却也大都是场面话漂亮话。又,或在钱老内心,其实是感念的。这份感念若说在汪然明生前,因其曾是赢得柳如是最有力的竞争者,又碍于同龄老家伙的虚荣,不免心下膈应,会刻意回避,那在其离世后,这份感念应该会安全着陆了……在墓志铭中,汪然明当年的月老善举,钱老只字未提,但他一生最得意的姻缘、最美好的时光,乃逝者一手促成。想来,钱老是不会忘记的。

汪然明去世,柳如是未有片言留下,因此无从窥见她得悉这位忘年交逝世的心情。

余久出游,柳如是校书过访,舟泊关津而返。赋此致怀

汪然明

浪游留滞邀湖山,有客过从我未还。
不向西泠问松柏,遽怀南浦出郊关。
两峰已待行云久,一水何辞拾翠悭。
犹疑春风艳桃柳,挐舟延伫迟花间。

此诗写于柳如是受汪然明之邀、往杭州小住的那段时日，也即柳如是《尺牍》诞生之期。据考，汪然明与柳如是的唱和之作仅存两首。此是其一。另外一首便是汪然明以温峤典故试探柳如是心意的《无题》。以《尺牍》来看两人交往，当年汪然明与柳如是的诗词往还当绝不止于这两首。史载，晚年汪然明宅邸亦发生过火灾，汪老一生收藏、许多诗词手稿皆丧于大火，与柳如是的其余唱和之作，或也因此毁于火灾。

但也许这样的留白才是最适宜的，一如柳如是归钱谦益，她与汪然明交往戛然而止后岁月中的留白。古时才妓嫁人，意即从良，亦是选择另一种完全不同于过去的生活方式，自当遵循社会习俗中的为妻、为妾之道，因之渐会从从前“风月”标签下的社交圈中隐退。汪然明无疑属于柳如是过往的世界。

但对汪然明而言，两人密切交往的那段时日，更准确说柳如是倾心仰赖他的那段时日，大约是他一生的高光时刻。因是高光，柳如是归钱谦益后迅速从他的世界消失，这虽在意料之中，到底又是他终难释怀的心结。去世前一年，汪然明曾写过这样一首诗：

世事看来总戏场，如何偏我独多伤。
每逢按剑无男子，犹喜谭诗遇女郎。

诗歌的笔触总体忧伤、落寞，老人饱经沧桑巨变，回望自己一生，胸中仍有“偏我独多伤”这般疑似少年人“强说愁”的自怜口吻。再看数年后钱谦益弥留之际的感喟：“蒲团历历前尘事，好梦何曾逐水流。”一生浮沉、跌宕，万事不如意，却因了柳如是，这一生的不幸仿佛都值得了。同是晚年心境，差别之迥异，真也道出了因一个女人而不同的两种人生、两种晚景。

时移物换。有时候，当一种深情生长的环境改变，此情已无法维系，任何一种强行的苦撑都只能吃力，使此情谊愈发走样、变形。此时，或许最好的归宿便是陌路。

诗末，汪然明自注：“昔逢王（王微）杨（杨云友）林（林雪）梁（梁喻微）诸女史，今遇吴岩子元文（卞元文）黄皆令（黄媛介）王端淑诸闺阁。”

再一次，当年与汪老情谊最深的柳如是没有出现在这份名单中。连名字都不愿提及，看来汪然明终究是选择了陌路。

答汪然明

柳如是

微雰独领更幽姿，袖里琅玕今尚持。

天下清晖言仲举，平原高会有当时。

因思木影苍林直，为觉西泠绣羽迟。

便晓故园星剑在，兰皋秋荻已荒靡。

这是当年柳如是回赠汪然明《余久出游，柳如是校书过访，舟泊关津而返。赋此致怀》的诗作。汪然明在诗歌中抒发了对柳如是过访的惊喜以及自己出游外地不能相会的遗憾。末联首句“犹疑春风艳桃柳”暗含柳如是名字，可说急于示好的心意很明显了。相比之下，柳如是的这首唱和之作，则非常的“社交”了。

首联赞汪然明人品、风姿。颈联引古贤之典，再赞汪素有“黄衫客”的侠肝义胆。腹联转述自己此次拜访，并以柳如是特有的高超的社交策略，一则抚慰了汪然明在诗中表达的不能会晤的“歉意”，二则在回应汪的“犹疑春风艳桃柳”的殷勤上，引了“兰皋”之典，将汪诗中隐约的男女调情巧妙地转化为“步余马于兰皋兮，驰椒丘且焉止息”的君子之交……

其时是崇祯十一年（1638），大明王朝外虏内寇，虽已如一只漏舟，四面灌水，但王朝尚在，崇祯帝依然坐镇紫禁城，人心到底还有所依归，尚未有沦至丧家之犬的恓惶，连柳如是这般蜷于人生最低谷的困境，亦能在人际交往中进退裕如，华丽丽铺陈自己的爱情忧伤。其时，是柳如是重启寻夫计划的振作之旅，是汪然明一生念念不忘的高光时刻，也是有明一代二百七十余年国祚繁华富丽旧世界最后的绽放。

那绽放在汪然明和柳如是都熟悉的西子湖畔：“……虎林王谢子弟多好夜游看花，选妓征歌，集于六桥。一树桃花一角灯，风来生动，如烛龙欲飞，较秦淮五日灯船，尤为旷丽……”（《汪汝谦与周靖公书》）

在郑板桥心目中的秦淮风月：“秦淮灯船之盛，天下所无。两岸河房，雕栏画槛，绮窗丝障，十里珠帘。主称既醉，客曰未晞。游楫往来，指目曰：某名姬在某河房，以得魁首者为胜。薄暮须臾，灯船毕集。火龙蜿蜒，光耀天地。扬槌击鼓，蹋顿波心。自聚宝门水关至通济门水关，喧阗达旦。桃叶渡口，争渡者喧声不绝……”（《板桥杂记》）

在张岱追忆中的京城端午：“年年端午，京城士女填溢，竞看灯船。好事者集小篷船百什艇，篷上挂羊角灯如联珠，船首尾相衔，有连至十余艇者。船如烛龙火蜃，屈曲连蜷，蟠委旋折，水火激射。舟中镦钹星铙，宴歌弦管，腾腾如沸。士女凭栏轰笑，声光凌乱，耳目不能自主。”（《陶庵梦忆》）

……

这绽放，这繁丽，或也因了不可名状的末世情绪的笼罩，才又有了一种醉生梦死的况味，一种发狠的冶荡，一如张岱在回忆录中写出“索性繁华到底”时的那种纨绔子的任性和骨子里的虚无、悲怆之感。

那个冬天，当柳如是获悉汪然明逝世的消息，是否会再次触发她尺牍往事的回忆？她曾在尺牍中对他自怜道：“天涯荡子”，“归途黯瑟，惟有轻浪萍花与断魂杨柳耳”。她曾对他殷殷寄语：“回想先生种种深情，应如铜台高揭，汉水西流，岂止桃花千尺也。”她也曾在最后一札尺牍中对他道出“谢谢”。她与他都当明白这个“谢谢”的分量。

岁月洪荒。

转眼，柳如是已是年届四旬的妇人。人到中年，早年的故交一个接着一个离世了。每一次新的死亡，想来都会触发对旧人的回忆。死去的人永远地留在旧世界，活着的人仍要在这汹汹乱世中顶风破浪，顽强前行。

永历十一年（1657），马进宝调任苏松常镇提督，驻兵松江。不久后，清廷派出三路大军，重兵挺进贵州、云南战场，围剿永历政权，正值无暇他顾时。东南郑成功认为北伐时机终于成熟，决意率主力北上，展开长江战役。这样一来，位于长江三角洲的松江作为入海重镇，进可打通海上通道，退可扼守内陆，战略地位显得尤为重要。而驻守松江的马进宝又一次成为必须争取的关键人物。

此时，一直致力于“在幕后联络东南和西南复明势力的高层人物钱谦益”（顾诚语）已经七十五岁高龄。获悉学生大木的北伐计划终于启动，他的“三着”战略似又有了希望，钱老便不顾耄耋老龄的种种危厄，又一次动身，前往松江。

此时，距永历政权初建，钱谦益首次向永历朝廷谏言“三着”已经十年了，距钱老第一次亲赴浙江金华策反马进宝也已经七年了。十年，又七年，钱氏夫妇与无数大明遗民、复明义士一起，目睹了无数生命的离去，经历了一次次中兴曙光的乍现、沉沦，一次次的绝望，一次次的希望……

从前两度往还金华，虽无甚进展，钱谦益与马进宝也算是有了些交情。此次松江拜访，钱谦益逗留月余，留下的相关记录，如《高会堂酒阑杂咏》组诗，照例将真相掩藏在觥筹交错间，如他在序文中所言：“若乃帅府华筵，便房曲宴。金釭银烛，午夜之砥室生光，檀板红牙，十月之桃花欲笑。横飞拇阵，倒卷白波；忽发狂言，警回红粉，歌闻敕勒，只足增悲，天似穹庐，何妨醉倒……”史载，此番游说后，马进宝终于默许“中立”。

中立，足矣。

从永历十一年（1657）秋至永历十三年（1659）秋，郑成功连续发动三次以夺取南京为目标的北伐战役。

永历十一年秋，郑成功率部进袭浙江。郑军从江苏兴化起兵，一路北上，沿途进击各城镇，至十月，陆续占领浙江黄岩、太平、天台等县城，十月初，攻占台州府治。不料，清廷在郑军的猛烈攻势下，也被逼出了奇招。驻守福州的清军并未正面迎战，转而偷袭郑氏的后方基地福建闽安。郑成功闻讯，被迫从浙江撤军，回师南下，退守厦门，并在此展开了训练强兵的计划，创建了全副铁铸盔甲武装的“铁人”部队。

永历十二年（1658）六月，郑成功誓师厦门，再次率部向浙江东南进袭，发动第二次北伐战役。据载，郑氏军团“联宗数千，甲兵数万，分道突犯，密布帐房，扎营绵亘四十余里，烟火蔽天……”（《明清史料》）迫得清廷除了加强浙江驻军的防御外，又另从河南、山西、山东等地紧急调兵增援。郑军越过闽浙边界，攻占温州府，在此逗留月余，筹足粮饷后，移舰北上，进逼长江。

但天有不测风云，当郑氏舰队行至羊山列岛时，偶遇海上飓风袭击。狂风暴雨倏忽而至，巨浪滔天，毁船折戟。风暴持续三天后，郑军舰船、兵械、兵将皆遭重创，士气因而大挫。郑成功只得率余部回台州休整。

永历十三年（1659）四月，经过大半年的整顿后，郑成功再次统兵北上，往南京进发。史载，此次北伐，郑成功吸取前两次的教训，做了充足准备。首先，在大后方金门、厦门等地驻守充裕兵力，避免北进时后方再遭清军偷袭。其次，郑成功更改了以往出战时将将士家属安置于别处的惯例，此次他命令眷属随军，以解众将士后顾之忧。郑成功传谕曰：“官兵远征，不无内顾；携眷偕行，自然乐从。本藩统领大师，北伐丑虏，肃靖中原，以建大业……”（《先王实录》）

永历十三年(1659)四月底,郑成功率部进抵浙江定海,全歼该城守军。五月初,郑成功率十余万大军、舰船三千余艘,兵分三路,进袭长江。此时,清军主力正陷于西南烽火,南京兵力空虚,仅有一支由某满族官员率领的小部队扼守,外加以松江提督马进宝为首的这类被策反的汉族官员的消极应战,长江沿线又有张煌言等复明势力的接应,郑氏军团此次进军异常顺利。

六月，郑氏军团兵临南京。

自弘光元年（1645）清廷攻占南京，其后十余年中，夺回南京一直是南方各派复明势力的夙愿。南京，既是明太祖朱元璋的龙兴宝地，此后又一直作为王朝的留都存在，在明遗民的心中，南京是继北京之后的第二政治中心，具有不可取代的象征意义。

除却政治号召力，江南作为全国财政的主要来源，经济实力远超北方。占据南京，依恃江南富庶，逐次推进北伐，也一直是以钱谦益为代表的遗民多年来竭力经营的政治主张……如今，十四年过去了，南方复明势力前赴后继，无数次抛头颅洒热血、接力赛一般为之奋战的目标，终于经由郑成功，第一次这么接近了。

想来郑成功太知道此次进袭南京的意味，所以当南京近在咫尺、攻克它看似探囊取物般容易时，他反倒失去了一个军事家应有的“速战速决，以免后患”的战略素养。此时的郑成功显得颇有耐心，他没有立即攻城，而且仿佛是要刻意拖延攻城的战机，以便将“兵临南京”这一刻定格在历史上。

永历十三年（1659）六月底，郑成功率三千余艘战舰在长江焦山登陆，设案焚香，率部遥祭明宗室孝陵。祭祀仪式持续三天。第一天红衣祭天，第二天黑衣祭地，第三天白衣祭明太祖。郑成功又慷慨赋诗《出师讨满夷，自瓜洲至金陵》：

缟素临江誓灭胡，雄师十万气吞吴。
试看天堑投鞭渡，不信中原不姓朱。

虞山钱氏夫妇闻郑成功进抵南京，自是激动莫名，尤其钱老。十四年前，南都破，他率百官迎降，青史昭昭，铁证如山。如今，十四年过去，历经种种希望与绝望的洗礼，又终在看似绝境处再次迎来了曙光，他终有机会与学生联手，实现他的“三着”战略，一洗前耻，真是山重水复疑无路，柳暗花明又一村。钱老激动之余，一口气写了《金陵秋兴八首次草堂韵》，提前为南明复兴奏起了凯歌，如他在第五首中写道：

龙虎新军旧羽林，八公草木气森森。
楼船荡日三江涌，万马嘶风九域阴。
扫穴金陵还地肺，埋胡紫塞慰天心。
长干女唱平辽曲，万户秋声息捣砧。

多年来连番挫败后，终于第一次这么接近胜利，钱老任慷慨激昂的情绪在诗中恣意流淌，想来这也是他自失节后十余年中第一次这样发自内心地狂喜。

永历十三年六月，郑成功兵临南京，这是他作为军事家个人史的第一次辉煌，却也是南明史最后一次中兴曙光的闪现，亦是钱谦益、柳如是等遗民最后的复国希望。

永历十三年七月初，郑军攻克瓜洲，再几日，攻克镇江。郑氏军团一路势如破竹、所向披靡，沿途清军要么溃散，要么归降，拥明的缙绅、广大民众则奔走相告、额手称庆，纷纷组团慰问，犒劳义军，一时间，江南形势大好。

当瓜洲、镇江相继失守的噩耗抵至北京，人们“闻京口之乱，京师大震。东南之客，皆惶怖思归，至有泣下者”。（王沄《漫游纪略》）而紫禁城的顺治帝闻讯，则“完全失去了他镇静的态度，而颇想作逃回满洲之思想……”（《汤若望传》），甚至一度想要“御驾亲征”，以恢复江南一带被郑成功威慑、迅速塌掉的士气。

占领镇江后，郑成功召开军事会议，与提督、统镇讨论进袭南京事宜。其时，恰逢天降暴雨，河道水涨，江面狂风不止，且道路泥泞不堪，行进遭阻，郑成功便问左右：“官兵行程，水、陆孰得快便？”（《先王实录》）

这让人想起永历初年，江西金声桓、王得仁反正归明攻占九江后，在顺江东下进袭南京还是南下攻赣州事宜上发生的分歧。当时的情境中，不管东下、南下，还是水路、陆路，在局中人看来，或只是一个具体的行动目标的选择。但时过境迁，站在历史的纵深视野再往回看，在当时仅一个军事线路的问题，却是直接关乎成败甚至生存还是死亡的关键抉择。不管是永历初年的金声桓部，还是永历末年的郑氏军团，他们出战时皆阵势雄壮，威震清廷，却也因一个错误的抉择，迅速地将自己置于危局……

郑成功以“铁人”部队身披重铠不宜陆路行军为由，坚持走水路，因之，在张煌言看来“虽步兵皆铁铠，难疾趋，日行三十里，五日亦当达石头城下”（张煌言《北征路》），却使郑军在逆风的江上花了十天时间，才抵达南京仪凤门下。此时，南京城的援军已到。史载，清廷从贵州紧急调派的八十艘满载清军的船只已先于郑军抵达南京。因行军线路选择错误，延误攻城时机，此为郑成功第一失策。

郑成功麾下部众十万余，又有让敌军闻风丧胆的“铁人”部队加持，南京守军外加少量援军，也仅及其锋芒十之一二，若郑军在抵达仪凤门下迅速攻城，占领南京不过呼吸之间。但一如当年金声桓在赣州较劲似的“重挖深壕、重筑营城，层层围困，意在不克不休”，郑成功也采取了在史家顾诚看来这种“奇异的部署”，简言之，挖沟设栅，却围而不攻。

郑成功放言：“待援虏齐集，必扑一战，邀而杀之。”（《先王实录》）不知是迷信郑氏军团的军事实力，还是借“待援虏齐集”为名，实则打着小算盘，设想以“围困”这种代价最小的方式夺取最后的胜利，在这个历史关键处，郑成功无疑犯下了第二个更为严重的错误。城内守军见郑军并无攻城迹象，遂以请降为由，派出使者，漫不经心谈着投降条件，以拖延时间，等待更多的援军抵达。

果然，在郑军围困南京的十多天中，清廷援军陆续集结，比如“苏松水师总兵官梁化凤亲统马步官兵三千余名至江宁，又抚臣蒋国柱调发苏松提督标下游击徐登第领马步兵三百名、金山营参将张国俊领马步兵一千名、水师右营守备王大成领马步兵一百五十名、驻防杭州协领牙他里等领官兵五百俱抵江宁……”（《清世祖实录》）

八月初，清军抵达仪凤门，并以迅雷不及掩耳之势发起猛攻。郑成功慌乱中重新部署战略计划，但为时晚矣，郑氏军团节节败退，步兵损失惨重，最后不得不退守镇江。

从永历十一年（1657）秋至永历十三年（1659）秋，前后三年，郑成功发动三次北伐战役，步步为营，眼看胜利在望，终又在南京城下功亏一篑。每日在长江白茆港附近的红豆山庄等待塘报抄件的钱谦益和柳如是，获悉郑军战败，心情可想而知。钱谦益赋诗《后秋兴八首》，惋惜、感喟之余，又不忘为学生打气。胜败乃兵家常事，郑氏军团虽败走镇江，但远未到满盘皆输的地步。郑氏主力尤其海上势力仍在，而镇江从古就有南北咽喉之称，据瓜洲可阻北来清军，守镇江可断江浙通道，战略地位不可小觑。郑氏军团只要扼守镇江，稍事修整，仍可卷土重来，与清军再决高下。

但经此一役，郑氏军团士气低落，郑成功亦不愿株守镇江，决意扬帆出海，撤出长江战役。郑成功这又一奇怪的军事思路，再次震动了他的部将和江南遗民。各派复明势力众志成城，历尽千辛万苦，前后花了十余年时间才终于打到了长江，却只因南京一役的溃败，便要全盘放弃已经攻克的阵地，这属于哪门子战略?！而且所有人都明白，复明势力一旦撤离长江，便可能永远没有机会再回来了。

钱谦益闻学生的计划，惊惘之余，也顾不得许多，匆匆告别柳如是母女，于八月初十晚，连夜从白茆港乘舟前往郑成功军营，试图阻其撤军。江面波涛暗涌，漆黑静寂，放眼望去，天地间浑茫若太古，唯舟中一粒灯光。一时间恍若这嚣攘人世都已飞升远去，寰宇之中，仅这一江、一舟、一人而已。

此情此景，一定让钱老胸中涌动着无比的悲怆，一如他在诗下自注："梦度险岸，劣容脚指，江乡夜行，光景宛然。"南明一如这江面微光，前程渺茫，随时会被大风大浪碾灭。而他此次出海，亦可说前途未卜，如若未被清军截获，终能顺利见到郑成功，他亦抱着留守郑氏军营的打算……凡此种种心情、计划，都见于钱谦益《后秋兴》组诗，这一组诗诗下有自注：“八月初十，小舟夜渡，惜别而作。”

既是“惜别”，惜别之人自然是柳如是母女。钱老在组诗里向妻子和盘托出自己随军的想法，回顾了与柳如是结缡之后婚姻生活的种种悲喜，表达了自己对妻子始终如一的眷念，其中也不乏暗示，此次惜别，相会怕是遥无期限，甚至余生都无缘再见了。

后秋兴八首（其八）

钱谦益

临分执手语逶迤，白水旌心视此陂。
一别正思红豆子，双栖终向碧梧枝。
盘周四角言难罄，局定中心誓不移。
趣覲两宫应慰劳，纱灯影里泪先垂。

自崇祯十四年（1641）两人结缡，迄今十八载。而结缡仅近三年后，王朝崩塌，其后十五年都是在颠沛播迁中度过，无一日安宁不说，又还有两度生死悬于一线的囹圄之灾。此时舟中的钱谦益，即便抱着凛凛“死士”之心前往郑氏军营，回望前尘往事，或许也会惊讶，不管曾作为东林魁首、文坛盟主的辉煌，还是后来降清失节的耻辱，还是现在为了复国而倾力奔走，生命中能为之奋斗甚至献出生命的宏大目标有许多，但真正让人心心念念、不管身在何处都魂牵梦萦的，仍然是那些“日常”。日常中的妻子，日常中的快到及笄之龄的女儿，日常中的一家三口的普通生活。而这看似微末、不足一提的“日常”，经常被破坏得千疮百孔，却又总能顽强自愈，支撑起乱世人生的底气。

钱老在诗歌里对柳如是的依依“惜别”，实也反映出夫妻俩在两个关键点上的默契。

第一，七十七岁高龄的钱谦益敢于舍弃儿女情长，无不表明他对柳如是的了解。柳如是虽未留下任何坦承自己心迹的文字，凭钱老心意的决绝，也能推测她复明之志的坚决。

第二，不仅是钱老此行生死难卜，他的决定也直接将柳如是母女推入危险的境地。钱氏族人对柳如是仇恨已久，从后来钱谦益死前将柳如是母女托给老友即可看出，他对此敌意了如指掌。只要他远离拂水山庄，柳如是母女便失去了依靠。这一点，钱谦益明白，柳如是也明白，但夫妻俩还是达成了默契……郑成功若决意退出长江，南明便再无生还之机，此时此刻，钱谦益和柳如是，谁都没有为自己留后路。

钱谦益赶至松江，获悉郑氏已从驻地撤军，又不惮疲累，再次奔赴崇明，终于见到郑成功。史载，郑成功此次决意撤出长江，退至厦门，是怀有与清廷议和之意，试图以此作为缓兵之计，争取更多时间。听学生一席纵谈后，钱谦益似打消心中疑虑，转而同意郑成功的策略，并接受其委托，为此次议和抚局奔走，继续联络东南、西南的复明势力。

几天后，钱谦益带着郑成功的请托返回常熟。

后秋兴八首 （其三）

钱谦益

起手曾论一着棋，明灯空局暗生悲。
萧疏齿发凋残日，突兀乾坤赌赛时。
海水怒飞龙起急，天梁横截雁来迟。
盘鍉大有中原约，酾酒加餐慰尔思。

钱谦益在诗下自注："中秋十九日，暂回村庄而作。"八月初十抱着凛凛决心离家，八月十九日便顺利返回，还带回了新的希望，不论钱谦益还是柳如是，或都在其意料之外。其时恰值中秋，由诗末"酾酒加餐"亦可想象红豆山庄内一家三口共度佳节的景况。

摇曳烛光中，一家人的剪影投在墙面，温馨融洽。柳如是在灯下烫酒摆盏，间或抬头，钱谦益亦能瞥见她额头、眼角的细纹。想她来归时还是如花美眷的年纪，如今已年过四旬，虽风韵犹存，却也实实在在地在老去，想她也已做了自己近二十年的糟糠之妻，年近八旬历经沧桑却仍然多情的钱老，心里或也会咯噔一声，发出温柔的细响。

但公元1659年的这个中秋夜，长江白茆港红豆山庄内的团圆家宴，气氛定然不会轻松。设想夫妻俩在灯下缓缓酌酒缓缓说着话，钱谦益讲他此行见闻，讲学生大木的策略，讲南明前景……钱老徐徐讲来，柳如是徐徐应和，与普通的老夫老妻无异，但渐渐地，两人都不言语了，只是默然相对，愀然啜着杯中酒。

尽管钱谦益带回了郑成功的决心和新希望，可是，从崇祯十七年（1644）崇祯帝煤山自经至今，十几年过去，若按清廷的纪年方法算，也已经是顺治十六年了。这许多年中，夫妻俩经历了大大小小的希望和紧跟而至的深重失望，在曙光和绝望中反复遭受碾压，而这最近的一次，复明义士历经十多年唯一一次打到长江，终又像个笑话般，以迅雷不及掩耳之势草草收场……一波又一波的失败体验或已在内心提醒他们，所谓“中原约”乃至郑成功的谋略，也许并不像看上去的那么美好。

任何一场战事，不论怎样的旷日持久，也不管中间出现多少次反转，终归有分出胜负的一天。而战况愈到最后，愈靠近

“胜负”分界线，实力对比也会逐渐分出泾渭，战况节奏亦会加快。永历末年，在北方清廷主力和东南郑氏军团之间相持多年的对峙，也终于走向了尾声。

就在不久前，中国南方的复明势力，西南有刘文秀部，华南有李定国部，东南有郑成功部，这三大主力军团，已经对清廷形成强大的威胁，还不包括中国其他地域此起彼伏的反清活动。其时，清廷担心华南、东南串联，谓“万一勾连狂逞，为祸愈大”，便两度派出使臣出使东南，诱降郑成功。其时，郑成功也瞧出了清廷的动机以及窘境，便将计就计，以愿意降清为由，一面与清廷周旋、谈判，一面乘机扩张自己的势力，最后又倏地翻脸，着实耍弄了清廷一番。

而现在，郑成功盘算再度使用“诈降”之策，却已是此一时彼一时了。清廷重兵挺进西南，历数月，在云、贵强势剿杀永历政权，逼得永历朝廷又从云南出逃，亡命缅甸。一度威震清廷的李定国部，此时亦难挡劲敌，败走云南蛮荒，从此一蹶不振，再难对清廷形成威胁。此际，大清再无后顾之忧，终于得以腾出拳头，全力对付郑氏军团。

永历十四年(1660)，清廷颁布迁界海禁令，史称“迁海”。

户科给事中王启祚上疏清廷，道：“逆郑虽生踞波涛，势不能不聚粮于平地。臣以为宜效坚壁清野之计，除高山峻岭不可攀缘处所外，凡平原旷野多筑坚厚墙垣，迂回其道，相地广狭，间筑城堡，可贮粮石，扎营寨兵，可守望亦可设伏……”（《皇清名臣奏议汇编》）所谓“坚壁清野”，便是将沿海居民往内陆迁徙，在郑氏海上军团与内地之间，清理出一片“空白”区域，驻兵守卫，以此方式切断郑军与沿海居民的物资交易通道。

福建总督姚启生亦在上疏奏折中言：“在当日原因福建海贼猖獗而议迁界，又因贼势蔓延止迁福建一省之界不足困贼，故并迁及广东、浙江、江南、山东、北直五省之界，是迁五省之界者其祸实始于福建之郑贼也。”（《总督福建少保兵部尚书姚公奏疏》）至此，广东、浙江等城几乎所有临海居民全被驱走，近海三十里内，无人间烟火，只有清廷布防。

清廷这一招够狠,不费一兵一卒,便可将郑氏军团困死海上,对郑成功而言可谓釜底抽薪,正如清方在发布的《严禁通海敕谕》中所言:“郑成功盘踞海徼有年,以波涛为巢穴,无田土物力可以资生,一切需用粮米、铁、木、物料皆系陆地生产,若无奸民交通商贩,潜为资助,则逆贼坐困可待。”(《明清史料》)从此次清廷命令大规模内迁居民,亦可看出此时清廷对中国南方控制力的加强。如果说永历初年的南方,民变、暴动时有发生,频繁如家常便饭,清廷为此恼火不已,如坐针毡,但历经十余年双方的“磨合”后,南方民间的反抗之声逐渐寥落、沉寂了。漫长的十余年,也是足以修正一代人的身份认同感的。

后秋兴八首（其四）

钱谦益

撼户秋声剥啄棋，惊心局外转伤悲。
每于典籍论终古，只道乾坤似昔时。
已破关河惆怅在，未招魂魄却回迟。
长明灯上诸天近，时有空音答仰思。

泱泱数千年中国历史，历代王朝纷至沓来，又黯然远遁，其形势如孔尚任在《桃花扇》中所写："眼看他起高楼，眼看他宴宾客，眼看他楼塌了。"高楼起高楼塌，王孙公子终成北邙黄土，可历史从来并不如烟，自有历史经验自有典籍留下，这便在君王臣子，任一个熟悉典籍之人的心里种下了"历史意识"，每到特定时刻，他们总会从中翻检，索求经验。这也是钱老所谓"每于典籍论终古"。

古代历史上多有南北分治的时期，远有三国的南北对峙，近有南宋偏都临安一百五十余年宋金相持，而明代的江南，论繁华富庶、经济储备都远超历代，此际，夺回南都，扼守江南，站稳脚跟，再渐次推进北伐，不论从典籍还是从现实，都告诉钱谦益等复国遗民，这是可能的道路。再退一步，北伐若成空想，至少也有可能模仿南宋占得半壁江山，与清廷南北分治，这于历史，既有例可循，于大明遗民，虽是退而求其次，到底也不失为安慰。而对钱谦益这样的大节有亏者，更是对自己内心的一个交代。

弘光元年（1645）清军南下，占领南京，弘光政权亡。从那时起，中国南方所有复明势力都只有一个目标：夺取南京，或者说，回到南京。南明第二个政权隆武政权虽也昙花一现，隆武帝却以自己高尚的品格感召了郑成功，将他从一个舞文弄墨的世家公子哥变成了救亡图存的斗士。郑成功也是整个南明史上唯一有机会夺回南京的人。郑氏军团兵临金陵那一瞬，虽然异常短暂，却也曾照亮许多守望者的眼睛。

如今，清廷颁布迁海令，将郑氏军团隔绝海上。南明败局已定，大明遗民最后的希望终于也落空了。

被困海上，议和无望，永历十五年（1661），举步维艰的郑成功被迫率部远走台湾。

第十三章 — 望海楼

上联：日毂行天沧左界

下联：地机激水卷东溟

横批：望海楼

——柳如是

1 1661 年

永历十五年（1661），钱氏夫妇结缡二十年，小女也十四岁，已近及笄之龄。

这一年，永历朝廷颠沛流离，亡命缅甸。而这一路，士兵要么逃亡，要么哗变，抢掠朝廷本就所剩无几的财资，甚至永历帝的龙袍也被偷走。朝廷物资匮乏之至，女眷首饰皆典当换了日用，最后连皇帝玉玺也被拿去换了吃食……待终于在缅甸一个叫阿瓦的小地方安顿下来，饱受饥饿困扰的永历朝君臣却又结结实实落进了缅甸政府的控制中。

一方面，缅甸国内政局原就不安宁，濒临政变边缘，现在又突然闯进一个明朝皇帝，立时使局势越发紧张诡异。永历朝虽是一个落难的小朝廷，但对 17 世纪尚在蛮荒阶段的缅甸，仅“大明”一词就足够震住他们了。因此，如何处理这一众面有菜色、严重营养不良的永历君臣，缅甸国内几派政治势力闹得不可开交。

另一方面，清廷派出吴三桂率部沿途追袭永历朝廷，一刻也不曾停。到得缅甸边境，吴三桂受清廷旨意，给缅甸政府发

去檄文，“令执送伪永历朱由榔，否则兵临城下，后悔无及”。（《清圣祖实录》）

此刻永历朝廷残部作鸟兽散，永历帝本人因旧疾复发，亦奄奄一息。南明史上最后一位帝君以及他的朝廷的覆灭只在朝夕之间，或说只在吴三桂一念之间。

这一年，郑成功强势登陆台湾，经过与当地荷兰殖民者的数次鏖战，荷兰军败走。郑成功将军团基地迁往台湾，设置文武官员及一整套政府运转机制，甚至颁布永历历法。

与永历末年兵临南京相比，夺回宝岛台湾算是郑成功个人史上最大的辉煌，亦是载入史册、彪炳千古的壮举。虽有辽阔海域之隔，郑成功不忘初心，遥奉永历正朔，实也证明他心系大明，并意在以台湾为基，再与清廷展开持久战。

但于当时的南方遗民而言，郑成功此举却只会增加他们有苦难言的凄楚。郑氏军团实力尚存，仍有与清廷叫板的资本，这是好事，但另一方面，台湾孤悬海外，与大陆之间的海域辽远而危险，若没有强有力且持久的补给线，与清廷开展海上之战的可能性几乎为零。

后秋兴之十一（其一）

钱谦益

当风一叶战层林，抚已孤怀抱郁森。

屋老空亭笼壁响，窗疏鄹纸划灯阴。
鸡豚麦饭荒江泪，粔籹椒盘故旧心。
噩梦惊回成独语，谁于寒夜捣孤砧？

这组诗写于永历十五年（1661）除夕，钱老于诗下自注："辛丑岁逼除作。时自红豆江村徙居半野堂绛云余烬处。"郑成功远走台湾，江南遗民心无所系，行迹漫漶，或远走他乡或隐遁山野或皈依僧佛，曾是各路义师联络点的红豆山庄，自此门庭寥落。钱老也感复国无望，抱负澌灭，遂决意迁回城内老宅。

钱老自注中所提山庄内的"绛云余烬处"，当非闲笔。年届八旬的钱老，面对绛云楼余烬，或会生出一种悲怆的宿命之感。绛云楼曾名冠江南，现在只剩焦垣断壁，俨若老人的一生之谶。钱老后来在拒绝亲朋为自己八十祝寿的《与族弟君鸿论求免庆寿诗文书》中写道："少窃虚誉，长尘华贵，荣进败名，艰危苟免，无一事可及生人，无一言可书册府，濒死不死，偷生得生，此天地间之不祥人，雄虺之所慭遗，鸺鹠之所接席者也……"

一生雄心，历尽酸辛悲苦，"思欲晚盖"的所有努力又皆因王朝气数已尽而付诸流水。既不能凭一己之力挽住狂涛，当初的降清之举便会在"亡国"历史上写下重重一笔。钱老明白，他终将以“贰臣”之名载入史册。

一恨“无一事可及生人，无一言可书册府”，又恨“濒死不死”，将自己比作“雄虺”（毒蛇）、“鸺鹠”（俗称小猫头鹰）这类习俗所不容的不祥之物……钱老给予自己无情的鞭挞，字字愤激，字字锥心，是至死也不甘心，却又不得不认命。绝望之下，钱老搬回“绛云余烬处”。

但此次移居，柳如是并未随行，她继续住在红豆山庄。

本章前所引为柳如是留下的“望海楼楹联墨迹”，现存故宫博物院。

自柳如是婚后，或说自崇祯帝自经、大明王朝进入“南明”阶段，柳如是便鲜有作品传世。后世人追索其人生轨迹，都必须仰赖钱谦益的诗歌和同时代人一鳞半爪的记录。

柳如是“直接现身”仅在几组作品中。

第一次，清军攻破南都，钱谦益降清北上，柳如是写诗挽留，后又留守金陵，写《题顾横波所写墨兰册页十首》明志。

第二次，好友黄媛介遭清军劫掠归来，柳如是赠诗《赠芷若大家四首》，表呈心迹。

第三次，钱谦益两度囹圄之灾后，携柳如是立志抗清，南明义军的军事行动又连遭摧磨，钱老心绪沉郁，羞惭、懊悔不已，柳如是《依韵奉和二首》，慰藉丈夫。

这一次《题望海楼》，是柳如是第四次“现身”。

史载，红豆山庄附近并无“望海楼”这样的建筑，“望海”实为柳如是心中寄望。红豆山庄毗邻白茆港，由白茆港出，便可扬帆江海，若择一高处登临，必可将长江风景尽收眼底。江面怒涛滚滚，波澜壮阔，一望无际。再放眼远眺，在目力极致处，水天相交，汇于一线。目力穷不尽江海的寥廓，但在未知海域的另一边，或许终存有一丝希望。说不定哪一日，在那水天交界处，郑氏军团的战舰会遥遥驶来……

日毂，太阳，象征帝王及国家运命，“左界”，引南北朝谢庄《月赋》中“于时斜汉左界”，此处“左界”代指自东北而来的清军，上联谓大明江山沦清军地界已多时，“东溟”指海域另一端的郑氏军团，下联寄望郑成功终有一日能卷土重来。柳如是站在她心中的“望海楼”，远眺长江，从“日毂”到“地机”，从清军入关到海外悬想，寥寥数字，勾勒出亡国之痛，故国之悲，复国之念，学者称其“气韵沉雄，境界阔大，非豪杰之士不能道出”。一代侠姝的浩落襟怀如此！

这或也是柳如是和钱谦益性情的差异所在，更或是钱谦益自柳如是来归逐渐变成世人眼中“宠妻狂魔”的重要原因。柳如是出身风尘，熟谙世情浇薄，看她前半生的际遇便知，即便曾经“艳名高炽”，却无丝毫社会地位可言，任何一个有点“身份”的人稍微动动手指头，都可将她打倒在地。

依常理而言，柳如是性情中当有比平常人更多的世故、圆熟才对。但自弘光政权亡，柳如是表面看来在红豆山庄内安安分分为人妻、为人母，一如钱谦益在给友人信札《与王贻上》中所言："荆妇近作当家老姥，米盐琐细，枕籍烟熏，掌簿十指如锥，不复料理研削矣"，实则密切关注且资助着江南许多的抗清军事行动。当钱谦益在金华、松江等地辗转奔波，联络义军时，她为他背后坚定的后盾。明亡后十数年中，柳如是始终资助南明各路义师，南明史历经三个政权，她亦从未有过动摇，直至家产罄尽，最后被族人"立索三千金"逼上绝路……

钱谦益不止宠她，更敬重她。

公元1661年，郑氏军团远徙台湾，音讯难传，永历朝受困缅甸，生死未卜。这是大清王朝平定四方、政权日益稳固之时，却也是南明最后一个政权垂死之际。但纵然改天换地，世道苍茫难料，平常人的日常还是要继续。

这一年，柳如是的女儿奉父母之命，与钱谦益老友、无锡翰林赵月潭的第三子赵管成婚，钱氏夫妇心疼小女尚幼，故招赵管入赘。自古，能亲见子女成婚，都是为人父母者第一重要的大事。此次两位妙龄人儿成婚相关事宜虽未有任何史料留下，但能体会柳如是的心情。这或是许多年里钱氏夫妇遗民生活中唯一的一抹喜色，但于为人母的柳如是而言，更多的该是放心。她终于了却一桩心事。

其实，柳如是自己未尝不知，小女年未及笄，便将其匆忙出嫁，这是有悖常理的。依常情而言，钱氏夫妇俩只此一女，年龄尚幼，该是恨不得紧紧攥在手心宝贝着才对。将女儿出嫁，又招赵管为赘婿，与母女一起住在红豆山庄，柳如是此举说明她已在为未来打算。

复国无望，钱谦益亦年过八旬，疾病缠身，大限将至，柳如是既不愿以大清子民的身份苟活，又明白钱老过世后，钱氏族人断难放过她们母女，所以她必须在自己尚能控制局面时，为女儿觅得出路。赘婿赵管既是小女的夫君，也是将来她在这个世上唯一的亲人。柳如是太明白孤女求生的艰难，她必须提早为独女寻求一个妥当的庇护。

顾苓《河东君小传》称柳如是“结束俏利，性机警，饶胆略”，观她一生行止，真真如此。不管是当年决绝放手与陈子龙的恋情，还是不惜代价力拒谢三宾，还是放舟虞山自荐半野堂，还是两度设法全力营救钱谦益，还是始终如一地资助抗清，还是出嫁女儿，等等，不论身在窘境还是顺境，柳如是性情中的主见、远见，使她尽管从来都是逆风而行，也终能把控住前行的方向，步步为营。

而世事也一再证实她对世情的洞察。当三年后柳如是夫妇双双亡殁，小女才至十七岁，却已归赵氏家族三年，与赵管已培育出足够的夫妻情感，地位稳定。其时，柳如是死亦瞑目。

2.永历政权亡

永历帝致吴三桂书：

……将军忘君父之大德，图开创之丰功，督师入滇，覆我巢穴。仆由是渡沙漠，聊借缅人，以固吾圉。山遥水远，言笑谁欢，只益悲矣。既失世守之河山，苟全微命于蛮服，亦自幸矣。乃将军不避艰险，请命远来，提数十万之兵，穷追逆旅之身，何视天下之不广哉！岂天覆地载之中，独不容仆一人乎？抑封王锡爵之后，犹欲歼仆以邀功乎？……仆今者兵衰力弱，茕茕孑立，区区之命悬于将军之手矣。如必欲仆首领，则虽粉身碎骨，血溅草莱，所不敢辞；若其转祸为福，或以遐方寸土仍存三恪，更非敢望。倘得与太平草木同沾雨露于圣朝，仆纵有亿万之众，亦付于将军……（《东华录》）

吴三桂率部驻扎缅境，经过交涉，缅甸政府妥协，同意交出永历帝。永历帝在劫难逃，已至绝境，闻悉清军迫近阿瓦，急修书一封，遣使臣送与吴三桂。信中，永历帝虽也历数大明王朝给予吴三桂的种种恩惠，妄想以君臣纲常唤醒叛臣的慈悲心，到底掩不住卑微的乞生求饶之意，最终在平西王吴三桂面前以“仆”自称，真是鸟之将死，其鸣也哀。

吴三桂“亲王”的封诰正在来路上。自清军入关，本着种族之间天然的不信任，鲜有汉官能够受封亲王，进入清廷统治的核心地带。但永历帝的人头有这个价值。吴三桂自是不会放过这个立功机会。

吴三桂押解永历帝及其幸存的家眷离开阿瓦，三个月后抵达云南府。自1646年十一月永历帝在广东肇庆登基，永历朝廷一直都在流亡中，经桂林、武冈、柳州、贵州、云南等地，从中国东南逃往西南，最后亡命境外。永历帝一路忍受追兵的恫吓、朝廷内部的内讧，还有时时爆发的痰火旧疾的折磨，现在，他终于消停了，不用亡命了。

永历十六年（1662）四月，永历帝父子被弓弦勒死，南明最后一位帝君亡殁，从此，历史不复有“南明”。

一个月后，吴三桂进封亲王，第一等的王。

后秋兴之十三（其二）

钱谦益

海角崖山一线斜，从今也不属中华。

更无鱼腹捐躯地，况有龙涎泛海槎。

望断关河非汉帜，吹残日月是胡笳。

嫦娥老大无归处，独倚银轮哭桂花。

永历帝遇害的消息抵常熟，病榻上的钱谦益闻之号啕不已。虽一直流亡的永历政权早已山穷水尽，在民众间亦无丝毫号召力，甚至已变成一个笑话，但对钱谦益这般的儒家士大夫而言，只要永历帝还有一口气，明室血统就一息尚存，大明复国就不算彻底无望。但也正是“家天下”时代君臣共持的这个信念，才让清廷不惜代价，千里追剿，直到手刃永历帝，彻底斩断明室血脉。

钱谦益作诗《后秋兴之十二·壬寅三月十二日以后大临无时啜泣而作》，又作《后秋兴之十三·自壬寅七月至癸卯五月伪言繁兴，鼠忧泣血，感恸而作，犹冀其言之或诬也》二叠十六首，一再悼念，久久沉浸于悲恸中。

但这不是最后一击。

次年（1663）夏天，郑成功病逝台湾的消息再抵常熟。史载：“五月初八日，延平王招讨大将军朱成功殂于东宁，年三十九。临终面目皆爪破，曰：我无面目见先帝及思文帝也。”

后秋兴之十三（其四）

自古英雄耻败棋，靴刀引决更何悲？

君臣鳌背仍同国，生死龙胡肯后时？
事去终嗟浮海误，身亡犹叹渡河迟。
关张无命今犹昔，筹笔空烦异代思。

永历帝遇害，钱谦益终日处于极度悲恸中，再闻学生病逝，这悲恸仿佛已在极限中凝滞了。他再无更多的心力来伤恸，唯有气若游丝地感喟“事去终嗟浮海误，身亡犹叹渡河迟”。郑成功弥留之际痛悔自己数度策略失误，才导致今日败局，而于钱谦益，永历帝亡，郑成功亡，又何尝不是一种解脱呢？大明王朝永堕时光之隧，将彻底变为陈迹，被封印在“历史”中。

遗民世界堕入万古长夜，再无曙光可言。没有希望也好，希望总是伤人心。钱老精疲力竭。他解脱了，无须再做任何挣扎了，只需安排好柳如是母女的未来，然后安安静静等待自己的大限来临。

不久，清军封锁白茆港。红豆山庄这个终永历一朝十七载一直的复明义士的联络点，终于也成为历史。

寄望中的望海楼崩塌，中国南方的历史纪元，从此也不得不驶入大清王朝。但那是别人的历史，与柳如是无关了。

康熙二年（1663）秋，柳如是祝发入道。

第十四章——家难

老大聊为秉烛游，青春浑似在红楼。
买回世上千金笑，送尽平生百岁忧。
留客笙歌围酒尾，看场神鬼坐人头。
蒲团历历前尘事，好梦何曾逐水流。

——钱谦益

1 弥留

八十岁生日后不久，钱老衰病转剧，终日缠绵病榻，赖汤药续命。钱老意识亦漫漶无际，时而昏沉，堕无边梦魇，时而清明，透过昏聩老眼，尚能认出柳如是影影绰绰忙碌的身影。但愈到最后，梦境日渐侵袭钱老的意识。房间窸窸窣窣的轻响，妻女的低声对话，房门缓缓阖上，柳如是轻掖被角时指尖的微凉以及腕间银镯的叮叮声，都已成为梦境的一部分。

这梦是温煦和暖且慵懒的，钱老总愿意沉浸在此，有时更是用了仅存的气力，紧紧攥住这些美好的梦境，而不愿被另外的噩梦追捕。在那些噩梦中，他或会想起最近一次像个孩子般的痛哭，是当着遗民诗人阎尔梅的面。

阎尔梅路过常熟，递帖请求拜见。钱谦益卧病在床，原闭门谢客久矣，闻悉来客为原南都兵部尚书史可法的幕僚，便强撑病体，接见了这位故交。史可法殉国后，阎尔梅辗转各地，亦参与过许多次抗清义军的军事行动。从史可法荡开去，两位前朝遗民或会聊起许多南明往事，聊起许多次重振河山的机会看似就在跟前，却又一次次错过。一朝失足，再回首已百年身。到最后，钱老唯有老泪纵横而已。

关于这次拜见，后来阎尔梅写诗回顾道：

绛云楼外凿山池，剪烛春宵念昔时。
鼎甲高题神庙榜，先朝列刻党人碑。
邵侯无奈称瓜叟，沈令何言答妓师。
大节当年轻错过，闲中提起不胜悲。

诗中追溯钱谦益一生宦海的辉煌、浮沉及降清的失节行为，并提到了当年柳如是劝夫殉国而钱谦益退缩的金陵往事。可以想到，多年来柳如是虽深居内院、主持中馈，在当时的江南遗民中，她却已经享有一定的声望了。

康熙三年（1664）元月八日，时逢早春，天气尚寒凉，却也已透出花开的讯息。钱谦益偶感神志爽利，便挣扎坐起，开始一天的早课："立春日早诵金刚经一卷，适河东君以枣汤饷余，坐谈镇日。检赵文敏金汁书蝇头小楷《愣严经》示余。余两眼如蒙雾，一字不见，腕中如有鬼，字多舛错，诧筋力之衰也……"

随着昏昧时日渐多，曾厌自己"濒死不死"的钱老，此时却恨不得多活一日是一日。他已经不关心大明，也无力再忏悔自己的失节，只盼在最后的清醒中多挣一些润笔费，安排好自己后事及柳如是母女日后的生活。

近二十年资助南明义军，钱氏夫妇早已囊空如洗，如今连钱老丧葬费都未有着落。钱老为此焦心难安。延挨至这年初夏，忽有人登门拜访，求文三篇，酬金为一千两银子。钱老立即应下。有了这笔钱，自己便可体面离世，柳如是亦无须四处筹借了。

不料此时的钱谦益已腕力尽失，年初开始的“余两眼如蒙雾，一字不见，腕中如有鬼……”现在每况愈下，连握笔的气力都没有，遑论赶制洋洋洒洒三篇雄文。困窘之下，钱谦益命人火速找来黄宗羲，将其关在书室，强令在当日内替他写出三篇文章。一代文坛祭酒，曾富甲江南、为友一掷千金的豪奢地主钱谦益，晚年亦为了筹措自己的丧葬费，区区一千两银子，寻好友代笔。落魄如此，让人唏嘘不已。

黄宗羲，这位钱老晚年的忘年交，后来在组诗《八哀诗·钱牧斋宗伯》里回顾了钱老一生种种境遇，其中也提及此次代笔：

四海宗盟五十年，心期末后与谁传。
凭裀引烛烧残话，嘱笔完文抵债钱。
红豆俄飘迷月路，美人欲绝指筝弦。
平生知己谁人是，能不为公一泫然。

黄宗羲诗下有注："问疾时事，宗伯临殁，以三文润笔抵丧葬之费，皆余代草。"

腹联"红豆俄飘迷月路，美人欲绝指筝弦"，感喟钱氏夫妇结缡二十五载的相依相伴、不离不弃。因这组诗是写在钱谦益、柳如是一个月内的双双亡殁后，这感喟又多了几许扼腕和痛惜。钱老一生壮志雄心，见过大世面、大风云，所结交之人不是天潢贵胄便是叱咤天下的大才子大文豪，却独独只有柳如是这位出身风尘、幼他三十六岁的奇女子，成为他的知己甚至精神导师，不可不叹！

从二十五年前柳如是来归虞山，从此不仅钱老的诗歌中频频闪现她的丽影，与钱老诗歌唱和、书信往还的诗友故交，皆会提及、问候"河东君"。江南士绅皆知晓虞山这对著名的遗民夫妇。虽白首红颜，饱经世事沧桑后，夫妻俩俨然已活成一体。钱老一生所有的美好，都刻着柳如是的名字。

所以黄宗羲说："柳姬定情，为牧老平生极得意事。"

回忆与梦境，继续兜兜转转，在那些逝去的岁月中流旋，互相交融着、吞噬着，清明的时候愈来愈少，更多时候是混沌一片，揉进了天光夜色，只管淋淋漓漓铺泻着，难析界限了。

有时，魂灵似已从肉身剥离，钱老能感觉到它的厌烦，它厌烦困在这具衰朽的躯体中，它想离开了。它缓缓上升，上升，升至床帐顶部，却又踌躇地停在那里，打量着自己尚有余温的肉身，似在考虑是否就此脱离，穿过窗户，升往天际去。钱老也听见自己肉身轻叹一声，就此去了吧，就此解脱，再不用费力呼吸了。

但就在钱老魂灵飘飘荡荡时，尘世间隐约传来轻轻的呼唤。这唤声如此柔和熟悉，是他听了二十五年始终未曾听厌的。那是他在世间唯一的牵挂了。魂灵在窗棂停驻。天堂或许无悲亦无喜，但他还是更愿意痛苦地活着。

钱老颤动着睫毛用力睁开眼睛,柳如是依然俏丽的小脸呈现在眼前。他依然记得这张脸,不管清明还是昏昧,片刻也未曾忘怀。

二十五年前那个仲冬，是他一生的高光时刻。他至今都能清晰记得柳如是身着儒士装，一举一动模仿士子的样子。因从初冬寒凉的水上来，她轻俏的鼻尖还团着娇滴滴的粉红。他更记得当她缓缓吟出自己的诗句时他按捺不住的激动。前一年当他游历西湖，在友人王修微处见得她的《西湖八绝句》，当时便拍案称赞："天下风流佳丽，独王修微、杨宛叔与君鼎足而三。"没承想仰慕已久的"桃花美人"自天而降……他怎能不记得呢？那时他已年过半百，一生看似风光，却又乏善可陈，本以为此生就此打住了，终又像个少年人，因了桃花美人的来访，迎来了自己一生最隆重的开始。

但在那转瞬即逝的意识清明的时刻，钱老也会痛切地觉察到自己即将犯下的大错。那便是，他只能抛下柳如是母女了。

这痛撕扯着他，就如眼看南明政权节节败退自己却无能为力，但那时他尚且有气力悲恸的，如今却气若游丝，一呼一吸都异常的艰难了。

康熙三年（1664）五月二十四日，钱谦益八十三岁的生命走到尽头。弥留之际，钱老口述一封书信给自己老友，时任苏松参议、长芦盐运使的卢紘，书云："老公祖待我甚厚，殁后孤儿寡母恳请照应，不致在九泉之下有死不瞑目之恨也。"

生命最后一刻，钱老或许终于放过了自己，宽恕了自己。大明王朝也罢，大节有亏也罢，历史污名也罢，都随它去。在拼力撑持却也渐渐消弭的最后一丝气息中，钱谦益只允许胸中留存此生最美好的回忆。那半野堂中清淑女子的吟诵声再次响起，伴他魂灵袅袅升往天际：

垂杨小院绣帘东，莺阁残枝未思逢。
大抵西泠寒食路，桃花得气美人中。

2_家难

依江南丧仪，钱谦益遗体经沐浴、饭含、穿衣，最后身覆衾被，举行入棺仪式，再在半野堂设置灵堂，柳如是与家人一道，身穿孝服，接受族人、亲朋的吊唁。

许多年前，柳如是自荐半野堂，第一次拜访这个后来如她所愿给了她圆满人生的男人，现在，她要在这里与他告别。从此阴阳两隔。

但仅仅数日后，钱谦益生前预料到的家族战争便哄然爆发。钱朝鼎勾连钱天章、钱遵王等几个族人并伙同一群恶奴，先是洗劫红豆山庄，将家具什物一抢而空，再私刑拷打受雇于柳如是管理山庄账簿的张国贤，逼其交出柳如是仅有的官银官契计六百两。钱朝鼎等人终欲壑难填，又连续几日大闹灵堂，对着钱谦益遗体公然叫嚣，声称钱氏夫妇赖账三千两，三日内若不给钱，不准发丧。

事关钱谦益身后体面，但钱家老小无人吭声，一如当年钱谦益“忽被急征，银铛拖曳，命在漏刻”时。那位从前闻悉柳如是通奸绯闻跑得比谁都快要去报官的钱家少爷钱孙爱，此时却是魂飞魄散，躲在一旁发抖而已，生怕被作为“钱家唯一的男人”给挑出来担事。钱家上下，只有柳如是站出来，一如当年钱谦益被拿，她“蹶然而起，冒死从行”。

冷眼观察钱朝鼎等恶徒搜刮、叫嚣许多天的柳如是，此时洞若观火，明白这已不是三千两银子能解决的事。即若钱谦益生前好友愿意施以援助，救她母女一时，钱氏族人甚至包括拂水山庄内的钱家人，更会步步紧逼，虚拟出更多的“赖账”，直至将她逼至绝境。

柳如是深知钱谦益因生前对自己的宠爱和庇护，已经与家人、族人结怨多时，而她，尽管是被钱谦益以正式的合卺之礼娶回，钱谦益却也早有正室，于道统而言，她终究不过是一个不受法律保护的妾。钱家可以任何理由将她母女俩扫地出门，甚至逼其女儿嫁人，等等。

所以，三年前，趁钱谦益健康尚可，尚能稳住大局时，柳如是便将自己年未及笄的女儿嫁出。而现在，若冲突愈演愈烈，势必波及女儿女婿，为人母者，要想彻底终结战火，柳如是唯有一件事可做了。

次日，钱朝鼎等再行登门寻衅滋事，柳如是早已准备妥当。她请这一伙恶徒少安毋躁，待她上楼取钱。众人信以为真，果然安静地围坐在为他们备好的酒桌前。柳如是缓缓登上荣木楼，一步一步，走向自己命运的终局。穿越数百年的历史烟尘，想象她行到楼梯拐角的平台，在那里略站了站，打量楼下厅堂中一众正在大嚼的狂徒。她是否曾有片刻的疑虑，或者恐惧，或者不甘？

作为明末名冠江南的一代才姝，柳如是前半生所结交之人都是当代名流，那样的大世面，于同时代的女性中，是没有几人能见识到的。在王朝覆没，南明政权更迭、播迁的十数年中，她又和钱谦益在红豆山庄接洽、资助各路义士，密切关注南明军事动向……可说她一直顶风站在风暴切近处，以她自己的方式参与了时代的风云变幻，而她人生所有的芳华与荣光与情怀，也都留在了大明王朝。新时代虽好，于她这样心性骄傲的人，终归形同鸡肋。

然而作为母亲，纵然对时代无所留恋，对女儿却有保护之责。只是，这仿佛已是最好的选择了。

众人等了半时，不见柳夫人携银下楼，便逼柳如是的女婿赵管上楼察看。此时，柳如是已自缢荣木楼，香消玉殒。

钱谦益生前故交、钱老临终托孤的卢綋老先生，均于家难爆发时给予声援，无奈战火升级迅速，那些来自外围的舆论支持尚未及时反应，不幸便已发生。

挽河东夫人

龚鼎孳

岂少完人传，如君论定稀。
朱颜原独立，白首果同归。
绝脰心方见，齐牢宠不非。
可怜共命鸟，犹逐绛云飞。

这一天，是康熙三年（1664）六月二十八日，柳如是终年四十七岁。

3 绝书

柳如是绝书：

汝父死后，先是某某并无起头，竟来面前大骂，某某还道我有银，差遵王来逼迫。遵王某某皆是汝父极亲切之人，竟是如此诈我。钱天章犯罪，是我劝汝父一力救出，今反串张国贤，骗去官契官银，献与某某。当时原云，诸事消解。谁知又逼汝兄之田，献与某某。赖我银子，反开虚账来逼我，无一人念及汝父者。家人尽皆捉去，汝年纪小，不知我苦处。手无三两，立索三千金，逼得汝与官人进退无门，可痛可恨也。我想汝兄妹二人，必然性命不保。我来汝家二十五年，从不曾受人之气，今竟当面凌辱。我不得不死，但我死之后，汝事兄嫂，如事父母。我之冤仇，汝当同哥哥出头露面，拜求汝父相知。我诉阴司、汝父，决不轻放一人。垂绝书示小姐。

十七岁，她写道：

人去也，人去小棠梨。强起落花还瑟瑟，别时红泪有些些。门外柳相依。

人何在？人在月明中。半夜夺他金扼臂，殢人还复看芙蓉。心事好朦胧。

在《梦江南·怀人》中她娓娓叙说一个失恋女性的窈窕心曲。那份儿女情长的耽溺，意乱情迷，闺中的旖旎春光，爱人远离的凄清，心碎时至情至性的剖白……那时，爱情仿佛是世间绝大的事。

二十一岁，她写道：

鹃声雨梦，遂若与先生为隔世游矣。至归途黯瑟，惟有轻浪萍花与断魂杨柳耳。回想先生种种深情，应如铜台高揭，汉水西流，岂止桃花千尺也。但离别微茫，非若麻姑方平，则为刘阮重来耳。秋间之约，尚怀渺渺，所望于先生维持之矣。便羽即当续及，昔人相思字每付之断鸿声里。弟于先生，亦正如是。书次惘然。

她贫病相煎，寻夫计划屡屡受挫，在给自己全心仰赖的汪然明的书信中，虽旁征博引，文采斐然，字里行间却还是女儿心肠。有若隐若现的娇嗔，亦有向人求助时对自己魅力的巧妙施用。

二十三岁，她写道：

弦管声停笑语阒，清尊促席小阑前。
已疑月避张灯夜，更似花输舞雪天。
玉蕊禁春如我瘦，银釭当夕为君圆。
新诗秾艳催桃李，行雨流风莫妒妍。

钱谦益下定决心以合卺之礼聘她为妻。半生往来风尘，终于也尘埃落定。那年初的上元夜，夜泊虎丘的雅集，她分外开怀，与未来夫君唱和的诗作中，仿佛每一个字都藏着笑意，那也是一个即将为人妻的女人的欣喜。

四十七岁，她写道：

我来汝家二十五年，从不曾受人之气，
今竟当面凌辱。我不得不死……

岁月迤逦流转。光阴带来欢喜，带来伤悲，亦通过人生的种种际遇，从内到外塑造着一个人的气质和性情。通过以上几则摘录的作品，亦能看出柳如是作为女性的一生的生命历程。从少女时代的痴情、多情，到处仰赖友人代为寻觅归宿时的战战兢兢，到终于得到钱谦益承诺时的欣喜，等等，时时散发出孤苦无依的年轻女子的柔弱气息。

而四十七岁的她，则是洗净铅华、明察世情的为人母者。她的绝笔全无临死之人要与世诀别的悲怨，相反，字字凛冽愤激，呈咄咄逼人之势，却又逻辑明晰，一贯直下，无一矫饰语。细读这则绝书，会看出柳如是生前对自己之死的价值所在，已有通盘的考虑：

第一，将恶徒罪状昭告世人，桩桩件件，有理有据，无一虚饰。

第二，通过对恶徒与他们夫妇俩从前情谊的交代（遵王某某皆是汝父极亲切之人……钱天章犯罪，是我劝汝父一力救出），博得舆论支持。

第三，教授女儿女婿合理的申冤之法："我之冤仇，汝当同哥哥出头露面。"

第四，临终对女儿的叮嘱：我死之后，汝事兄嫂，如事父母。

这则绝书的特点，除了罗列钱朝鼎等人有悖人伦的恶行，另一方面却谆谆告诫"小姐"不论为母申冤，还是以后待人处世，皆须依照规矩、孝道来。这又无不反衬出恶人之恶，以及钱家人的凉薄。

柳如是的目的很明显了，她绝不是以死抗争那么简单。她非常明白只有将此事闹大，闹到人尽皆知、沸沸扬扬，才能切实保护到女儿。而“柳夫人被逼自缢身亡”无疑瞬时可登上头条，钱氏族人会引以为耻，钱老满天下的门生、诗友，也会因此怪状有辱士林斯文而出口、出手声援。简言之，作为母亲，柳如是要利用自己的死，最大限度地换来女儿的安全安稳。

遵母亲遗嘱，柳如是的女儿以“孝女揭”状告钱朝鼎等族人：

父年八十有三，染病益笃，于五月二十四日，一旦考终，呜呼痛哉！方思与兄共守苫块，以尽半子之谊，以终哀戚之期，岂料族难陡作，贵贱交炽，昔之受恩于吾父者，今日忽挺戈而入室。昔之求拯救于吾父者，今日忽背噬而甘心。昔之呼高上于堂下，执弟子于门墙者，今日忽揭竿树帜，眈眈而逐逐，如钱谦光、钱曾，其手倡斩丧者也。敢揭之以告通国，伏乞当道满汉大人，各郡缙绅先生鼎持公道，斧磔元凶，慰死救生，合门幸甚。康熙三年七月嫡女钱氏谨揭。

女婿赵管亦向官衙投递诉状：

谨陈逼死实迹事，痛岳父于五月二十四日去逝，蓦遭凶恶钱曾、钱谦光等构衅谋害，恣意择之，逼写田房，扼制童仆，凌虐岳母绝命……

县衙介入调查，钱老故交卢綋、严熊、归庄、顾苓等众多士子皆出面声援，声讨涉案族人，追悼钱氏夫妇，当地民情激愤，更有人指出，钱朝鼎若不死，钱老九泉难安。一时间人言汹汹，涉案恶徒已成过街老鼠，遭人唾弃。

柳如是以己之死，护了钱家体面，钱家当家少爷钱孙爱在舆论的压力下，不得不以匹嫡之礼将柳如是葬于钱老近侧。虞山西南麓拂水岩下，钱谦益、柳如是的两座坟茔，得以相互守望。这对“离经叛道”的白首红颜，终在地下团圆。

历史轰然向前，永不回首。如柳如是所愿，她与她的时代一同堕入鸿蒙。那是一个末世、一个乱世，却也曾是她的高光时刻。西湖晚照中，她的一生，爱恨情怨与执念，都曾泼溅在潋滟霞光里，都曾付与《西湖八绝句》，嫣然生姿，风流蕴藉。

而这一组《西湖八绝句》，不仅被公认为是柳如是现存诗词中堪称“绝句冠冕之章”的杰作，在柳如是人生中，亦充当着承前启后的妙用。在此，柳如是彻底告别前一段人生，另一段人生正徐徐开启，陈寅恪先生称此组诗“实为钱、柳因缘的重要材料之一。”

第十五章 — 西湖八绝句

草衣家住断桥东，好句清如湖上风。
近日西陵夸柳隐，桃花得气美人中。

——钱谦益

这一组诗写于崇祯十二年（1639）柳如是寓居西湖时期。其时，柳如是与谢三宾交恶，避居杭州。寻夫之旅受挫，还屡遭歹人纠缠、诽谤，柳如是原就心境晦暗，此番游历西湖又无意间得知前一年陈子龙亦曾到此，不免触景伤情，因此《西湖八绝句》处处回应着陈子龙的许多旧诗，处处闪现着陈子龙的身影。

这种沉寂有时又因自身遭遇而引发的思念，再次强烈地鼓荡，却也恰如回光返照，在其堕入回忆之海时迸发出最后的耀眼一瞬。

其一

垂杨小院绣帘东，莺阁残枝未思逢。
大抵西泠寒食路，桃花得气美人中。

首句"垂杨小院绣帘东"，化用陈子龙诗"垂杨小院倚花开"。第四句"桃花得气美人中"，意分两层。"桃花"引人面桃花之典，原诗为崔护所写："去年今日此门中，人面桃花相映红。人面不知何处去，桃花依旧笑春风。”再，“美人”化用陈诗“应有江南寒食路，美人芳草一行归”。

《本事诗·情感第一》载，博陵崔护清明游城南，在某户人家求水喝时偶见得庭中女子，“伫立而意属殊厚，绰有妍姿”，崔护一见倾心。次年清明，崔护旧地重游，人家、小院俱在，只不见当日女子，一时感慨，便题诗于门扉。数日后却得知那女子读了此诗，心中大恸，绝食而亡。

柳如是今春所看西湖之景，正是去岁陈子龙眼中所见，她或也生了人面桃花之感。只是传说中心恸而死的女子，闻得尘世间崔护抱柱哭她，又死而复生，两人终结连理。而现实中的柳如是，除了扼腕心碎，唯有在诗中遥遥应和陈子龙旧诗，以遣相思。

其二

年年红泪染青溪，春水东风折柳齐。
明月乍移新叶冷，啼痕只在子规西。

“红泪”，同《梦江南·怀人》中“别时红泪有些些”，均典出《拾遗记》所载薛灵芸故事：常山薛灵芸年十五，有倾城之貌，被献于文帝，薛灵芸含泪拜别父母，至“升车就路”之时，玉壶中所承眼泪已成血色。“啼痕”，采望帝啼鹃之典，形容凄切至极的啼哭。

前引“红泪”典，后引“望帝”典，均是极为伤恸的典故，笔意甚重，柳如是的心境可想而知。

其三

湘弦瑟瑟锁青鴸，此时香销风雨嵬。
无数红兰向身泻，谁知多折不能回。

湘弦，传为湘妃所弹之瑟；“瑟瑟”“风雨嵬”均形容早春乍暖还寒的气候，亦形容心绪的凄迷。“红兰”句，再化用陈子龙诗句：“红兰绿芷遥相对，油壁青骢次第行。”

其四

南屏烟月晓沉沉，细雨娇莺泪似深。
犹有温香双蛱蝶，飞来红粉字同心。

南屏，南屏山，西湖胜景。“字同心”同《梦江南·怀人》中“却疑误我字同心”。

其五

亚枝初发可怜花，剪剪青鸾湿跖斜。
移得伤心上杨柳，西泠杜宇不曾遮。

其六

青芜烟掠爽凉时，落尽樱桃暗碧池。
恨杀杨花已如泪，春风春梦又相吹。

“樱桃”句，化用陈子龙诗句：“佳人自爱樱桃树。”“杨花”“杨柳”均为柳如是自怜之语。

其七

晴湖新水玉生烟，芳草菲菲蚀雁钿。
苦忆青陵旧时鸟，桃花啼里不曾还。

“玉生烟”句，化用李商隐诗句：“沧海月明珠有泪，蓝田日暖玉生烟。”“雁钿”句，化用陈子龙诗，“龙脑烧鸾带，龟珠饰雁钿。”

“苦忆”句，引韩凭之妻青陵台殉情之典，同“红泪”“望帝”之典，字字凄苦，字字泪目

其八

愁看属玉弄花矶，紫燕翻翻湿翠衣。
寂寞春风香不起，残红应化雨丝飞。

“紫燕”句，化陈子龙诗句：“三年紫燕独归梁。”

这组诗中，柳如是六次化用陈子龙不同时期所写的旧诗，可说对陈诗已经熟悉到信手拈来的程度，从中亦可想见，分离这五年来，陈子龙的身影时时盘桓在柳如是心中，每每思念之情难抑，便会反复回忆、低吟陈子龙独寄予她的那些诗作，饮鸩止渴般。仿佛唯有如此，咬噬人心的相思苦，才能获得片刻的缓解。

这组诗中广为传唱的当为“桃花得气美人中”，可谓诗眼。世人皆知此句为柳如是所创“金句”，亦知诗中“美人”乃柳如是自指，却不知此“美人”灵感源自陈子龙《寒食》组诗旧句“应有江南寒食路，美人芳草一行归”。更不知“美人”其实一直是陈子龙从前在诗中对柳如是的爱称，如“美人今在秋风里，碧云迢迢隔江水”，“美人娇对参差风，斜抱秋心江影中”，“美人晓帐开红霞，山楼阁道春风斜”，等等。

对于《江南八绝句》处处萦绕的柳如是对陈子龙难以忘怀的旧情，陈寅恪先生亦评道：“距卧子作诗虽已五年，而犹眷念不忘卧子如此，斯甚可玩味者。”而这“可玩味者”若放置于柳如是的人生轨迹中观照，又会从中看出些许奥妙：柳如是难舍旧情，灵感迸发，作诗遣心中思念，也正是这个缘起，得出传颂一时也终为钱谦益击赏的“金句”，以至钱谦益拍案盛赞："天下风流佳丽，独王修微、杨宛叔与君鼎足而三。"

钱谦益对此诗念念难忘。其后，友人姚叔祥访拂水山庄，钱谦益在与其唱和的诗作中，还专门回顾了在草衣道人王修微处见得柳诗的心情：

姚叔祥过明发堂，共论近代词人，戏作绝句十六首　其十二

草衣家住断桥东，好句清如湖上风。
近日西陵夸柳隐，桃花得气美人中。

《西湖八绝句》笔致总体幽怨凄迷，不管"桃花"典还是"美人"典，它们背后的故事，皆难掩悲戚。可若单独将其从组诗中挑出来读，这句诗又迸出明艳妩媚的色彩，"桃花""美人"自带春日万物吉祥的暖色调，意境由是斑斓了许多。而当"美人"再作为诗人自指出现时，钱谦益从这句诗中看到的柳如是，显然不是为情所伤的纤细柔弱，而是友人王修微那般泛舟五湖、半船风雨半船书的"风流佳丽"。

世事往往如此，看起来遥遥不相关联，却难料不知何时便有一颗种子落进土里，悄然生根、发芽。即便这颗种子源自"误读"。

1639 年西子湖畔的柳如是正在自疗情伤，也绝不会知晓当她吟出“桃花得气美人中”，命运的活扣已经嗒的一声轻轻松开了。次年仲冬，当她放舟虞山，壮足了胆自荐半野堂，从当年的尺牍看来，貌似这是她又一次试图从良的努力，但或者，其实命运已经为钱柳因缘做好了铺垫，她不过是亲自揭开了自己后半生的秘密，她不过是响应命运的神秘召唤，去见了这位将伴她度过余生、最终白首同归的缘定之人。

红豆（跋）

红豆生南国，春来发几枝。
愿君多采撷，此物最相思。
——王维

永历十五年（1661）九月二十六日，为钱谦益八十岁生日。

八秩之期，本值得隆重庆贺，只是其时永历朝廷亡命缅甸，郑成功远遁台湾，南明气数已尽，“深知苟活偷生，有亏道德与名气”的钱老自觉无颜庆生，便力拒了门生弟子、故旧亲朋想为他祝寿的请求。

这个世上，原就没有人比柳如是更懂得丈夫的心思，她为老人精心准备了一样特别的礼物。

这年初夏，红豆山庄内那棵沉默二十年的红豆树突然开花，结出了几粒红豆子。柳如是将其采撷、珍藏，现在作为生日礼物送与丈夫，借这颗相思豆寓夫妻情谊久长，也借“铁树”开花的吉瑞讨老人开心。钱老果然欢喜，一口气写了《红豆诗十首》。其中一首写自己收到夫人这份特殊贺礼时的好心情：

院落秋风正飒然，一枝红豆报鲜妍。
夏梨弱枣寻常果，此物真堪荐寿筵。

红豆树“韬光养晦”二十载，出乎所有人意料突然开花，可见世间因果原也不是人力所能控制。由此祥瑞，钱老似又重拾了一丝缥缈的期冀。在长江辽阔江域的另一头，那郑氏军团幸存的星火，或也正是“仙家下种”。谁又知道呢？

二十年来绽一枝，人间都道子生迟。
可应沧海扬尘日，还记仙家下种时。

岁月不居，流年似水。

三百多年后，这颗当年见证钱柳夫妇复国执念的红豆，穿越茫茫光阴，历经人间风霜，终于落在了陈寅恪先生的书案。先生在《柳如是别传》的“缘起”中自述该书写作因由：“昔岁旅居昆明，偶购得常熟白茆港钱氏故园中红豆一粒，因有笺释钱柳因缘诗之意，迄今二十年，始克属草。适发旧箧，此豆尚存……”先生亦为此赋诗《咏红豆》：

东山葱岭意悠悠，谁访甘陵第一流。
送客筵前花中酒，迎春湖上柳同舟。
纵回杨爱千金笑，终剩归庄万古愁。
灰劫昆明红豆在，相思廿载待今酬。

因这枚红豆的缘起，先生忍受失明之痛，费十余年之功，创作八十余万字皇皇巨著，抒发柳如是的“孤怀遗恨”，再现这位奇女子风流壮烈的一生。

参考书目

1. 陈寅恪：《柳如是别传》，生活·读书·新知 三联书店，2017 年版。

2. 卞敏编：《柳如是新传》，浙江人民出版社，1997 年版。

3. 裴世俊：《四海宗盟五十年——钱谦益传》，东方出版社，2001 年版。

4. 裴世俊：《钱谦益诗歌研究》，宁夏人民出版社，1991 年版。

5. 黄裳：《绛云书卷美人图——关于柳如是》，中华书局，2014 年版。

6. ［美］孙康宜：《情与忠：陈子龙、柳如是诗词因缘》，北京大学出版社，2012 年版。

7. 朱东润：《陈子龙及其时代》，上海古籍出版社，1984年版。

8. 范景中、周书田编：《柳如是事辑》，中国美术学院出版社，2002年版。

9. 刘燕远：《柳如是诗词评注》，北京出版集团公司，2016年版。

10. 赵园：《想象与叙述》，北京师范大学出版集团，2015年版。

11. 赵园：《明清之际士大夫研究》，北京大学出版社，2016年版。

12. 李圣华编：《柳如是》，中华书局，2012年版。

13. 张晓虎：《清初四大名妓》，中国人民大学出版社，1991年版。

14. ［美］魏爱莲：《晚明以降才女的写书、阅读及旅行》，复旦大学出版社，2016年版。

15. ［美］高彦颐：《闺塾师：明末清初江南的才女文化》，江苏人民出版社，2005年版。

16. 史景迁：《前朝梦忆：张岱的浮华与苍凉》，广西师范大学出版社，2013年版。

17. 苏枕书：《一生负气成今日：柳如是与她的爱人们》，北京日报报业集团，2011年版。

18. 赵园：《家人父子：由人伦探访明清之际士大夫的生活世界》，北京大学出版社，2016 年版。

19. 赵园：《易堂寻踪：关于明清之际一个士大夫群体的叙述》，北京师范大学出版社，2013 年版。

20. 何宗美：《明末清初文人结社研究》，上海三联书店，2016 年版。

21. 顾诚：《南明史》，光明日报出版社，2017 年版。

22. ［美］魏斐德：《洪业：清朝开国史》，新星出版社，2017 年版。

23. 柳素平：《晚明名妓文化研究史》，武汉大学出版社，2008 年版。

24. ［美］司徒琳：《南明史：1644—1662》，人民文学出版社，2017 年版。

25. 陆建东：《陈寅恪的最后 20 年》，上海三联书店，2018 年版。

26. 宗程灏：《大明朝（1368—1644）：从洪武到崇祯的权力变局》，北京联合出版有限公司，2017 年版。

27. 王建辉：《回首阅明：明朝生活图志》，中国财政经济出版社，2015 年版。

28. 李飞：《明朝绝对很有趣》，天津人民出版社，2017 年版。

29. 孔尚任：《桃花扇》，人民文学出版社，2018 年版。

30. ［美］牟复礼、［英］崔瑞德 编：《剑桥中国明代史》，中国社会科学出版社，2017 年版。

31. 樊树志：《晚明史》，复旦大学出版社，2016 年版。

32. 樊树志：《晚明大变局》，中华书局，2016 年版。